专业与社会实践丛书

大学生公益服务长效机制建设

钟一彪 主编

中山大學出版社
SUN YAT-SEN UNIVERSITY PRESS
·广州·

版权所有　翻印必究

图书在版编目（CIP）数据

大学生公益服务长效机制建设/钟一彪主编．—广州：中山大学出版社，2014.10
ISBN 978-7-306-05029-8

Ⅰ.①大…　Ⅱ.①钟…　Ⅲ.①大学生—社会服务—研究—中国　Ⅳ.①D432.6

中国版本图书馆 CIP 数据核字（2014）第 218469 号

出 版 人：徐　劲
策划编辑：刘丽丽
责任编辑：刘丽丽
封面设计：曾　斌
责任校对：杨文泉
责任技编：黄少伟
出版发行：中山大学出版社
电　　话：编辑部 020-84111996，84111997，84113349，84110779
　　　　　发行部 020-84111998，84111981，84111160
地　　址：广州市新港西路 135 号
邮　　编：510275　　传　真：020-84036565
网　　址：http://www.zsup.com.cn　E-mail：zdcbs@mail.sysu.edu.cn
印　刷　者：广州中大印刷有限公司
规　　格：880mm×1230mm　1/32　9 印张　203 千字
版次印次：2014 年 10 月第 1 版　2014 年 10 月第 1 次印刷
印　　数：1～3500 册　　定　价：25.00 元

如发现本书因印装质量影响阅读，请与出版社发行部联系调换

丛书编委会

顾 问	颜光美 朱孔军
主 任	朱孔军
成 员	罗 燕　任 虹　王燕芳　张斯虹　余立人
	吴长征　曹 新　李春荣　陈 方　陈征宇
	戴红晖　戴怡平　李庆双　黄 涛　李晓超
	杨东华　郭 燕　荐志强　黄勇平　陈建存
	谭英耀　甘远璠　岳 辉　王 毅　曲 翔
	黄 诚　杨德胜　许俊卿　丁小球　陈 凌
	漆小萍　陈昌龄　林俊洪　钟一彪

本书编委会

顾 问	漆小萍
主 编	钟一彪
副主编	周 昀　赵 斐　冯燕梅
成 员	龚 婕　梁洁瑜　柳翠嫦　王 帅
	潘云智　罗妙琪

序 言

志愿服务是现代社会文明发展的重要标志，是新形势下推进社会主义精神文明建设的有效途径。《国家中长期教育改革和发展规划纲要（2010—2020年）》强调，高校要牢固树立主动为社会服务的意识，鼓励师生开展志愿服务；要创新人才培养模式，注重知行合一，鼓励学生积极参与志愿服务和公益事业。近年来，大学生作为我国志愿服务的重要力量，在扶贫救济、应急救援、大型活动、环境保护等方面作出了重要贡献。2013年，在中国青年志愿者行动实施20周年暨第28个国际志愿者日之际，习近平总书记给华中农业大学"本禹志愿服务队"回信，勉励青年志愿者以青春梦想用实际行动为实现中国梦作出新的更大贡献。2014年，在五四青年节来临之际，习近平总书记给河北保定学院西部支教毕业生群体代表回信，希望越来越多的青年到基层和人民中去建功立业，让青春绽放在祖国最需要的地方，在实现中国梦的伟大实践中书写别样精彩人生。实践证明，志愿服务不仅为推动社会主义现代化建设起到了积极作用，而且为大学生锻炼自我、增强奉献意识和社会责任感搭建了有效平台。新形势下深入推进大学生志愿服务工作，不断创新实践育人的途径和载体，是进一步加强和改进大学生思想政治教育，实现高等教育人才培养目标的必然要求。

为贯彻落实党的十八大、十八届三中全会和习近平总书记系列重要讲话精神，教育部紧紧围绕立德树人这一根本任务，围绕培育和践行社会主义核心价值观这一主要目标，把推动实践育人制度化、常态化、科学化作为工作重点，努力构建党委统筹部署、政府扎实推动、社会广泛参与、高校着力实施的实践育人新格局。要求各地各校系统设计学校实践育人工作体系，不断优化实践教学环节、拓展实践育人基地、完善政策保障体系、推进实践育人理论研究，不断推动实现实践育人规范化管理、常态化服务、品牌化培育、项目化配置、信息化支撑和社会化运作。志愿服务作为实践育人的重要平台，一直深受大学生的普遍欢迎和社会的有力支持，是符合教育发展规律和大学生成长成才规律、契合经济社会发展需要的重要方面。教育部正在研究制定学生志愿服务管理有关办法，推动各地各校把志愿服务融入学校教育的全过程，并作为学生综合素质考察和评优升学的重要依据，建立健全学生志愿服务工作体系、评价体系和保障体系，推动志愿服务常态化。

中山大学在大学生志愿服务的制度化建设方面做了大量工作，创造性地提出了大学新生"公益囊"活动，引导被录取的新生在入学报到前就积极投身社会实践，并让新生家长对子女的志愿服务进行评鉴，形成家校合作的教育模式；同时，倡导获得奖助学金的学生参加社会实践，把积极参与志愿服务作为参评奖助学金的必要条件，通过设立勤工助学公益岗、大学生校园公益项目、社会公益实践项目等形式，引导同学们在学习之余发挥自身专业特长，践行"奉献、友爱、互助、进步"的志愿精神。中山大学在不断创新大学生志愿服务的有效形式、探索形成志愿服务的长效机制的基础上，组织力量结合学生教育、管理和服务工作编写的《大学生公益服务长效机制建设》一书，即推进大学生志愿服务制度化常态化的一种努力和探索！

历史和现实都告诉我们，青年一代有理想、有担当，国家就有前途，民族就有希望，实现中华民族伟大复兴就有源源不断的强大力量。青年大学生要自觉承担起建设中国的历史重任，续写"中国故事"、创造"中国奇迹",需要青年大学生在视野、品性、能力、水平等各方面进行修炼提升,尤其需要经受社会实践的磨砺,在实践中受教育、作贡献、长才干,让知识通过实践的作用,内化为素质和能力,外化为贡献和成就。志愿服务是大学生培育和践行社会主义核心价值观的重要途径,通过参与志愿服务,青年大学生可以深入了解国情社情,可以将专业知识应用到社会服务中去,可以培养自身的人文精神、组织能力及领导能力。希望《大学生公益服务长效机制建设》一书能够为推动实践育人理论研究和实际工作发挥积极作用。

教育部思想政治工作司司长 冯 刚

目 录

第一章 大学生公益服务机制建设的基本向度 … 001
- 第一节 价值导向 … 003
- 第二节 行动取向 … 008
- 第三节 发展指向 … 012
- 第四节 社区走向 … 015
- 第五节 成果定向 … 018

第二章 大学新生入学前的公益服务学习机制 … 023
- 第一节 大学新生入学前公益参与的意义 … 025
- 第二节 大学新生入学前公益参与的操作 … 027
- 第三节 大学新生入学前公益参与的效果 … 034

第三章 公益服务嵌入高校奖学工作的机制建设 … 037
- 第一节 公益服务嵌入奖学工作的意义 … 039
- 第二节 公益服务嵌入奖学工作的方法 … 042
- 第三节 公益服务嵌入奖学工作的条件 … 044

第四章 公益服务嵌入高校助学工作的机制建设 … 049
- 第一节 公益服务嵌入助学工作的意义 … 051
- 第二节 公益服务嵌入助学工作的方法 … 056
- 第三节 公益服务嵌入助学工作的条件 … 061

大学生公益服务长效机制建设

第五章 高校学生助理公益岗的设置与运行 …………… 065
- 第一节 学生助理公益岗的界定 ………………………… 067
- 第二节 学生助理公益岗的设置 ………………………… 070
- 第三节 学生助理公益岗的运行 ………………………… 073

第六章 大学生公益服务组织的发展建设 ……………… 077
- 第一节 大学生公益服务组织的基本状况 ……………… 079
- 第二节 大学生公益服务组织的战略建构 ……………… 085
- 第三节 大学生公益服务组织的行动方略 ……………… 091

第七章 基于可持续发展的大学生公益项目设计 ……… 099
- 案例一 童盟 ……………………………………………… 101
- 案例二 跨世代 …………………………………………… 108
- 案例三 关艾有爱 ………………………………………… 114
- 案例四 柑之如饴 ………………………………………… 122
- 案例五 快乐粤语角 ……………………………………… 132
- 案例六 关注失智老人 …………………………………… 136
- 案例七 造血干细胞捐献知识宣传 ……………………… 144

第八章 可持续发展的大学生优秀公益项目案例 ……… 151
- 案例一 "药"公益 ……………………………………… 153
- 案例二 聋哑儿童成长档案 ……………………………… 156
- 案例三 幼儿口腔保健宣教 ……………………………… 161
- 案例四 "灯塔"失独家庭帮扶计划 …………………… 167
- 案例五 "蓝信封"留守儿童关爱活动 ………………… 172

第九章　大学生参与公益服务的感悟实录 …………… 179
第一节　丰富阅历体验 …………………………… 181
第二节　提升动手能力 …………………………… 190
第三节　增强责任意识 …………………………… 199
第四节　培养团队精神 …………………………… 212

第十章　家长对大学生公益服务的赏析选录 ………… 217
第一节　深入认识社会 …………………………… 219
第二节　提升实践能力 …………………………… 221
第三节　履行社会责任 …………………………… 223
第四节　培养优良品德 …………………………… 226

附录　中山大学学生公益实践媒体报道摘编 ………… 231

后　记 ……………………………………………… 273

第一章

大学生公益服务机制建设的基本向度

第一章 大学生公益服务机制建设的基本向度

公益服务本质上是通过服务的方式来调节人与人之间的社会利益关系，通常是通过做好事、行善举向社会公众提供公共产品，从而达成改善人与人之间关系的效果。大学生公益服务机制建设的基本向度，是要分析和探讨大学生公益服务的基本价值、定位、结构、功能及其发展方向，主要包括大学生公益服务的价值导向、行动取向、发展指向、社区走向和成果定向等五个方面内容。

第一节 价值导向

价值是客体对主体的积极效应，通常指真、善、美、利。价值的本质从根本上说在于能够使社会主体发展完善，使人类社会更加美好。价值问题同真理问题一样，离开实践单纯从理论上去争论孰是孰非是永远也说不清楚的。只有从主客体双向作用的感性物质活动理解实践，才能正确理解实践，才能坚持从实践及实践结果出发，科学地理解价值。[①] 大学生公益服务的价值导向，实际上是要回答大学生为什么要做公益这个问题，要把大学生引到哪个方向，也就是，大学生公益服务要彰显什么意义。这个问题应该立足生产生活实际，从大学生与社会的双向互动角度进行分析。总括起来，大学生公益服务的价值体现在服务、融合与成长等方面，兼具社会价值和个人价

---

① 参见王玉樑《21世纪价值哲学：从自发到自觉》，人民出版社2006年版，第1~6页。

值。公益既是外在的社会现象，又可视为内在的个人经历和价值。①

一、服务

马克思认为："每个人为另一个人服务，目的是为自己服务；每一个人都把另一个人当作自己的手段互相利用。这两种情况在两个个人的意识中是这样出现的：（1）每个人只有作为另一个人的手段才能达到自己的目的；（2）每个人只有作为自我目的（自为的存在）才能成为另一个人的手段（为他的存在）；（3）每个人是手段同时又是目的，而且只有成为手段才能达到自己的目的，只有把自己当作自我目的才能成为手段。"② 由此可见，服务无论是对个人还是对社会都具有双重意义。个体的人固然以自己的生存为目的，但任何人都不能单独自足地实现自己的目的。人既是手段也是目的，是目的和手段的统一，这是人作为一种社会性的类存在物所持有的内在的价值关系。③

首先，从个人层面来看，一方面，大学生通过参与公益服务，为有需要的个人、群体或社区提供了帮助和支持，在一定程度上减轻了服务对象的痛苦，满足了服务对象的需求，为服务对象带来了愉悦或改变；另一方面，大学生提供公益服务的

---

① 参见（美）罗伯特·L. 佩顿、迈克尔·P. 穆迪《慈善的意义与使命》，中国劳动社会保障出版社2013年版，第37页。
② 《马克思恩格斯全集》第46卷（上），人民出版社1979年版，第196页。
③ 参见辛鸣《制度论》，人民出版社2005年版，第225页。

第一章　大学生公益服务机制建设的基本向度

过程实际上也是"服务"自己。经由公益服务，大学生提升了能力，学到了书本上学不到的知识，开阔了视野，深化了对社会的认识，拓展了人际关系。参与公益服务的大学生也是"得到服务"的人。其次，从社会层面看，服务是把原子化的个体凝结成社会群体的必经之路，是能够将松散的个体维系起来的社会纽带。物只能通过人作为中介将自己整合于社会，而这种整合所产生的团结则完全是消极的团结。它无法使个人的意志趋向于一个共同的目标，而只能按一定次序把物排列在个人意识周围。①

公益服务兼具公益和服务两大方面的内容，具有涂尔干所说的"道德特性的集体意识或共同意识"的特征，既包含物的因素也包含人的因素，涵盖物质和精神两种特质，可以成为人们社会生活中有效的"润滑剂"。由此，从社会层面而言，大学生参与公益服务是大学生参与社会、影响社会、奉献社会的有效方式，也是为自己创造一个更适合生存和发展的社会环境的需要。

二、融合

大学生公益服务遵循的不是竞争原则，合作才是服务得以开展的主要支撑。

首先，大学生参与公益服务通常需要组建公益服务团队。

---

① 参见（法）埃米尔·涂尔干《社会分工论》，生活·读书·新知三联书店2000年版，第78页。

在这个团队中,不同年龄、不同性别、不同专业、不同班级、不同年级的学生聚集在一起,共同为着公益服务目标而出谋划策、共同努力,实际上是形成了第二课堂的"通识教育",让个性不同、知识结构各异的学生有了互相学习、相互融合的机会。在遇到问题时,学生们还可以向老师、企业家、社会公益人士、公务人员等寻求帮助。如此,不仅将打造出一支专业交汇、跨界合作的公益服务团队,也有利于学生自身在潜移默化中通过公益服务融入社会主流的价值体系之中。

其次,大学生公益服务也将有利于促进社会民众之间的融合。研究表明,19世纪末20世纪初,美国的社会矛盾也非常尖锐,甚至一些社会学者预言美国可能要发生国内战争,但是并没有发生。这里有一个重要的原因是美国的公益慈善活动。公益慈善对于化解社会矛盾起到了缓冲作用,这是美国的一个经验。① 改革开放以来,中国社会的贫富分化、城乡分化、阶层分化进一步加剧,如果政府和社会各界在推动保障制度完善的同时,大力促进社会组织和民间公益的发展,为有需要的人群提供服务,必将有利于消除社会病态、摆脱社会危机、维护社会正常秩序,也将有利于整个社会的融合。当然,现代社会人与人之间的融合,是以公民权利和社会需求为本位的人与人之间的合作,而不是出于怜悯、施舍等的宗教情怀。这也意味着,开展大学生公益服务需要尊重受助者的人格、尊严、价值及其权利。唯有如此,才能真正形成良性的互动关系。

---

① 参见彭小兵《公益慈善事业管理》,南京大学出版社2012年版,第34页。

三、成长

成长是一个逐步突破自身局限的过程，成长表现为量的增加和质的提升。大学生公益服务在成长方面的价值，其出发点和落脚点最终应该在人身上。这里所指的"人"，既是作为公益服务提供者的大学生，也是公益服务的接受者及其他相关参与者。马克思曾深刻指出，"人就是世界，就是国家、社会"、"人的根本就是人本身"、"人是人的最高本质"。[①] 社会发展要求大学生具备持续的成长能力。中国共产党十八届三中全会提出："全面深化改革的总目标是完善和发展社会主义制度，推进国家治理体系和治理能力现代化。"作为大学生，如何在全面深化改革的背景下促成自身成长？如何在社会主义现代化建设中建功立业？如何使自身素质与国家治理体系和治理能力现代化相匹配？这些都需要大学生在视野、品性、能力、水平等各方面进行修炼提升。在当今社会环境下，大学生尤其要注意培养自身的国际视野、人文情怀、领袖气质和专业素养。而公益服务正是一个很好的切入点。通过参与公益服务，大学生可以将自己的专业技能应用到社会服务中，培养自己的人文精神、组织能力、领导能力。而要做好这些工作，仅仅局限在一个小圈子里是远远不够的，还要学会借鉴国际国内的有效经验，用于指导自己的公益服务实践。也就是说，公益服务可以让大学生走出自我的小圈子，进入一个更大的环境中接受挑

---

① 参见《马克思恩格斯选集》第1卷，人民出版社1995年版，第9页。

战、赢得尊重并获得成长。此外，在公益服务中，大学生虽然是主动的服务提供者，但受助者并不是被动的接受者。从根本上说，公益服务的最佳状态是助人者和受助者的双向成长。大学生公益服务最重要的是，通过大学生专业方面的帮助，提升受助者获得自我成长的能力，让公益服务的对象通过自己的努力可以安身立命，让生命有一个出路、一个理想、一个前景。也就是要用助人自助的理念开展公益服务，立足服务对象当前的实际困难，充分利用个人及其周围环境中的资源，促使个人的自我完善和自我发展，使其在克服眼前困难的同时，增强面对问题和解决实际问题的能力。助人自助理念强调个人发展重于个人被动的需求，它植根于人的自由、平等以及人格的尊严、个人的存在价值等文化要素。最终，当助人者、受助者及相关的参与者都获得成长时，社会整体的成长进步也就有了条件和基础。

第二节　行动取向

在整体的视角下，个人的内部心理与外部环境始终处于对话交流的状态中。在这种互动交流过程中行动起着关键的作用，只有借助具体的行动，服务对象才能回应周围环境的要求，并且根据周围环境的变化调整自己的知情意行。[①] 大学生公益服务的行动取向，意味着大学生应该以实际行动来践行公

---

① 参见童敏《社会工作实务基础》，社会科学文献出版社2008年版，第128页。

第一章　大学生公益服务机制建设的基本向度

益精神，不只是空想、空谈、坐而论道，而是要用实干兴邦的精神状态来参与公益服务。

一、量力而行

大学生参与公益服务，有自身非常有利的条件，这主要体现在他们具有较为充分的时间以及具有较好的专业素养。但大学生开展公益服务活动也有不利的一面，主要是资源不足和社会经验不够丰富。因而，在开展公益服务时要实事求是、量力而行。所谓量力而行，就是大学生公益服务要从愿意合作的人着手、从容易做的事情切入、从微小的地方开始改变，积少成多、积小胜为大胜。首先，大学生志愿者要沉下心来，脚踏实地从日常生活着手，直接进入服务对象的日常生活中，把服务对象放到日常人际互动的交往处境中来理解，从愿意合作的人着手，逐步推动公益服务的深度和广度。其次，从容易做的事情切入，先解决其中比较容易的问题，这样可以为解决其他方面的问题创造有利条件，并在解决容易的问题的过程中积累信心。这样，就可以借助一件件容易做的事情，最终达到公益服务的既定目标。最后，从微小的地方开始改变，不能急于求成、一步登天，而是把微小的改变作为公益服务介入的启动点，同时还要把公益服务的焦点从服务对象本身转向服务对象与周围他人沟通交流方式的改变上。①

---

① 参见童敏《社会工作实务基础》，社会科学文献出版社 2008 年版，第 206～212 页。

二、相机而动

大学生参与公益服务既有自身的优势,也存在一定的不足之处。所以,大学生公益服务的开展需要寻找合适的时机。通常而言,天时、地利、人和不可能面面俱到,等到所有条件都具备了才去开展公益服务是不可想象的。因此,大学生应该学会借助外力以弥补自身的不足。"相机而动"是借助外力的基本方法,可以为大学生开展公益活动筹措必要的资源、争取所需的支持条件。重大活动的举办或重大事件的发生往往是大学生开展公益服务的有效时机,比如奥运会、亚运会等大型赛事,又如地震、海啸、洪涝、干旱等自然灾害,面对这些情况,仅仅依靠政府或某一类型的组织都不可能解决所有问题,这就需要动员方方面面的力量参与其中。在这种情况下,如果大学生能够结合所学专业提供力所能及的服务,必将得到政府、学校及社会等方面的欢迎。当然,重大活动或事件只是大学生参与公益服务的一个契机,大学生还是应该立足平时、基于日常生活参与公益服务。在这方面,无论是政府部门、社会团体、非营利组织、学校等都会开展一些公益服务项目,具备申报条件的大学生可以通过申报项目筹集到所需的资源,通过组织项目团队来开展公益服务活动。从时间方面而言,寒暑假是大学生开展公益服务的绝佳时期。在假期里,大学生有了较为充足的时间,可以把平时学到的专业知识用来服务有需要的人,既验证了自身的专业能力和水平,又服务了社会民众,还深入接触了社会,可谓一举多得。总之,大学生要在平时注意

第一章 大学生公益服务机制建设的基本向度

积累，做好公益服务知识方面的储备，关注社会中潜在的公益服务资源，搭建公益服务的人际网络，这样才能在他人有需要的时候提供有效的服务。

三、合作互助

大学生公益服务的行动取向，还具体表现为公益服务过程中的合作互助。公益服务中的合作互助至少包括三大层面：一是公益服务过程中的专业协同。社会问题不可能仅靠单一的方法和手段予以解决，必须通过多种专业力量的协同使用。即使看似简单的"微公益"项目，往往也需要大学生志愿者通过组建跨专业的服务团队才能得以完成。二是公益服务过程中的跨界合作。公益服务的资源获得需要跨界合作，需要政府、企业、社会、学校、个人等多方面的资源整合。同时，技术力量的应用、协调沟通的达成，往往也需要社会各界的支持和帮助，依靠单一的力量往往无法有效实现公益服务的预定目标。三是公益服务过程中参与者之间的相互学习。公益服务过程的参与者包括服务提供者和服务接受者，在整个公益服务的运行过程中，尽管服务接受者是处于"受助者"的位置，但他们也是充满了资源的，也有自身的优势与潜能，如果参与公益服务的大学生能够谦虚地对待"受助者"，必将发现"受助者"身上所具有的闪光点。而服务接受者的优势和潜能，也正是公益服务得以发生作用的根本所在。

第三节 发展指向

现代公益与传统慈善的区分,从根本上讲是其目标指向的差别,现代公益强调的是参与者的"共益"——共同受益、共同发展,而不是单向受益。公益服务的发展指向,不仅仅是受助者的发展,也包括助人者在内的相关公益服务参与者的共同发展进步。同时也经由公益服务促成自然环境、社会氛围更加美好,推动社会发展进步。

一、特长为基础的优势发展

如何促成参与者的发展?对于公益服务来说,这是一个基本问题。无论是对于志愿者还是受助者,立足自身特点和优势来推动发展是事半功倍的选择。在发展问题上,以往的理论和实践往往以问题为中心,围绕问题的解决来谈发展。优势发展的实践,要求我们在公益服务中不再孤立地或专注地集中于问题,而是把目光投向可能性。在公益服务中,首先寻找服务对象自身及其周围环境中所潜藏的力量(天赋、知识、能力和资源等),通过潜能的开发来达到他们的目标和愿望,最终使服务对象获得更好的生活质量。优势发展最终也是为了解决问题,但这种解决问题的方式却以服务者更能接受的方式切入,在逐渐积累力量和增强信心的过程中达到成长。优势发展的公益服务意味着:作为志愿者所应做的一切,在某种程度上要立足于发现和寻求、探索和利用服务对象的优势和资源,协助他

第一章 大学生公益服务机制建设的基本向度

们达到自己的目标，实现他们的梦想，并面对他们生命中的挫折和不幸。这是一个多层面的实践方法，很大程度上有赖于服务对象与志愿者的真诚、创造性、勇气和常识。这是一个合作的过程，在这个过程中，双方并不是纯粹的功能执行者，而是有目的的双主体。① 以特长为基础的优势发展也意味着，作为公益服务的大学生志愿者，本身也要注意从自身的特点和优势出发开展公益服务活动，用适合自己的最佳服务方式为服务对象带来成长和进步。

二、关系为纽带的协调发展

个人的生存环境应该是一个完整的生态系统，是由一系列相互联系的因素构成的一种功能性整体，它包括家庭系统、朋友系统、工作职业系统、社会服务系统、政府系统、信仰系统等。② 人与环境是互动的，既受到环境的影响，也持续不断地影响和改变环境。人们之所以面临问题，往往是由自身与环境的不良互动产生的。公益服务的关键是让受助者与周围环境建立起良性的互动关系，得到支持和帮助，从而获得生存和发展所需的资源。当然，受助者原有的关系纽带往往是难以在短时间内得到改变的，志愿者介入本身已经为受助者的关系网络带来了新的元素。然而，志愿者所带来的资源能否有效重建受助

---

① 参见（美）Dennis Saleebey《优势视角》，华东理工大学出版社2004年版，第4页。

② 参见汪新建《人类行为与社会环境》，天津人民出版社2008年版，第21页。

者的支持系统,主要取决于这种帮助是否与受助者的自身资源优势有机结合,是否促成了受助者与周围环境的有效互动。因此,以关系为纽带的协调发展,包含了三方面的内容,一是指助人者与受助者之间的互动要协调一致,形成双方的互信互惠;二是公益服务过程中所提供的帮助要能促进受助者知情意行的协调,而不能只流于浅层次的物质支持层面;三是公益服务的最终目标是使受助者与自身环境相互协调,形成良性的互动关系。

三、能力为根本的持续发展

能否促进公益服务参与者的可持续发展,是检验公益服务最终是否有效的重要标志之一。可持续发展首先强调发展状态的可持续性,要求注重经济效益、社会效益、环境效益三者的有机统一,既重视发展的"量",又重视发展的"质"。其次强调发展能力的可持续性。注重长远的发展,反对谋求一时的利益而牺牲长远利益,注重在当下打好基础为未来发展提供更好的条件,创造更广阔的发展空间。① 为了维系发展状态的可持续,公益服务在介入之初就应考虑如何立足受助者的实际来提供帮助,而不是搞一锤子买卖式的公益。公益服务的帮助最终是为了不帮,帮助是暂时的,而发展则是长期的,要让暂时的帮扶变成长期的发展动力。这就要求志愿者在公益服务时要

---

① 参见童星《发展社会学与中国现代化》,社会科学文献出版社2005年版,第202~203页。

第一章　大学生公益服务机制建设的基本向度

有智慧，要有谋划、有调查、有洞察。受助者的能力提升是发展的根本所在，只有受助者的能力提升了，发展才具有可持续性。给予受助者的物质、金钱等实体性的帮助在某些时候是非常必要的，但物质方面的东西总会有消耗完毕的时候，只有受助者的能力增长了，水平提高了，才能达到"授人以渔"的效果。应该着力提高受助者发挥自身优势寻求发展的意识，激发他们敢闯敢试的劲头，在此基础上重点提升他们人际协调的能力以及主动寻求支持的能力，有效地促成他们与自身环境系统的良性互动。

第四节　社区走向

社区是人们日常生活的基本单位，为公益服务提供了较为稳定的工作平台。尽管对社区的定义远未达成共识，但总体而言，社区是由一群居住在某一特定区域里的人群所组成的，具有一定的地域、人口及共享价值，成员间同质性较强并存在较为密切的互动关系。目前，大学生公益服务在借助社区开展公益服务方面还存在许多薄弱环节，在一定程度上使公益服务的效果大打折扣。社区是社会福利资源配置的基本场所，大学生志愿者应该走向社区、深入社区，才能确实深入到普通民众的日常生活当中。只有踏踏实实扎根社区、服务社区、开发社区，公益服务才能真正成为社会治理体系的有机组成部分。

大学生公益服务长效机制建设

一、扎根社区

扎根社区是指大学生立足社区、面向社区,真正深入到社区民众的生产和生活中去提供公益服务,而不能只流于泛泛的走马观花式的活动形式。只有扎根社区,才能真正了解社区的结构、主流价值观以及社区居民的需求。评估目标群体的需要是提供公益服务的基础,完成这一任务所要探讨的问题包括:应采用哪些通行的、恰当的方式,来收集评估社区需求所需的数据以及有关目标群体的其他信息?目标群体中的成员怎样看待他们所在的社区以及社区对他们的需求所作出的反应?社区居民是如何看待目标群体需求的?从可获取的数据和信息中,能够推知与目标群体生活质量有关的因素有哪些?[①] 要回答这些问题,没有对社区生产生活较为深入的观察、体悟、参与是不可能的。而一旦缺乏对目标群体需求的真正认知,公益服务就难以获得认同,其效果就可想而知了。对于大学生而言,从学校周边社区或从自己熟悉的社区开始做公益服务是比较可行的,这将为此后开拓新的服务项目积累经验。

二、深度服务

公益服务仅仅扎根社区、深入社区、获得社区居民的信任是不够的,扎根社区是为做好服务打下基础,为深度服务创造

[①] 参见(美)F. 埃伦·内廷、彼得·M. 凯特纳、史蒂文·L. 麦克默特里《宏观社会工作实务》,中国人民大学出版社2006年版,第161页。

条件。要从把握社区主流文化与价值、强化服务对象的支持网络，以及充实完善社区资源的配置等方面，把公益服务做深做透。社区的主流文化和价值影响着社区居民以及服务的目标群体对公益服务的认同程度和接受程度，如果所提供的公益服务与社区主流的文化和价值不相符合，就一定难以产生良好的效果。对社区主流文化与价值的把握需要一定的时间，更需要在深入社区居民的日常互动中才能真正体悟到。这也要求公益服务志愿者沉下心来，扎扎实实做好调查研究工作，而且还要具备对文化与价值的感悟力。服务对象的支持网络是服务对象生存和发展的基本支撑体系，志愿者也只有在与服务对象深度接触的基础上才能摸清这些情况。否则，如果对服务对象的支持网络都不清楚，仅仅依靠项目所带来的外部资源，则难以真正达成"助人自助"的目标。同样，社区资源的开发和利用是公益服务实现从"输血"到"造血"的跨越的重要一环，要实现这种跨越，也有赖于志愿者与社区之间信任的加强以及志愿者开展服务的纵深度。

三、激发参与

参与公益服务的志愿者只是促成服务对象改变及社区发展的媒介之一，公益服务最根本的是要实现"助人自助"。也就是说，动员居民积极参与社区发展，帮助居民锻炼、提高社区参与和社区自治的能力及水平，并在社区参与中获得促成自身问题解决的有效支持。社区参与特别是主动性的社区参与，是社区发展的内在动力源，社区参与将直接或间接地影响社区的发展。参与的主体除了作为自然人的社区居民外，也包括社区内的政府部门、单位、社会组织等。公共参与精神的兴起，是公益服务对象成长的重要表征，不仅体现了他们自我价值的实现和自我潜能的发挥，也表明社区主体心态的发育成熟和对公共利益、公共领域的自觉认同。① 社区参与精神的激发，实际上也就是社区资源的开发过程，社区资源既有物质方面的，也有精神和价值层面的，这些资源的涌现将为解决目标群体的问题提供物质帮助和精神支持，并由此形成社区内互帮互助共同解决问题的良好氛围。公益服务参与者要充分认识到，服务的目标群体不仅仅是服务对象，他们也应该成为促进社区发展而积极行动的参与主体。

第五节 成果定向

公益服务所产出的成果可能是无形的，也可能是有形的。公益服务也需要有成效的评估，需要对捐赠者进行反馈。因此，每项公益服务需要有与之相对应的服务结果，在此谓之"成果定向"。"定"指公益服务的成果是确定的、客观的，是能够进行评估的，而不是抽象的，更不能用志愿者自我感觉替代服务对象的客观评价。公益服务要用确确实实的成果来实现价值追求，用实实在在的成果来回应服务对象的需求，用扎扎

---

① 参见徐永祥《社区发展论》，华东理工大学出版社 2000 年版，第 226～228 页。

第一章 大学生公益服务机制建设的基本向度

实实的成果来推动社会发展。通过成果的产出,进一步固化公益服务的价值,彰显公益参与者的能力,强化公益参与者的信心,凝聚社会民众的支持。

一、成果类型

成果往往与使命紧密相连。使命首先应该是可以实现的,应该是能够产生成效的,而不仅仅是一个美好的道德理念。[①]大学生公益服务的成果包括有形的社会福利以及无形的社会资本,两者互相区别又互相促进。社会福利是一种社会制度,对社会整体运行发生作用。吉尔伯特等人认为,社会中有五个制度——家族、宗教、互助、经济和政治,它们以不同组织形式表现在社会中——家庭、教会、自愿组织和支持群体、企业和工会、政府,并提供不同的基本的社会功能,它们在不同程度上提供社会福利功能。这些不同的福利组成一个福利的整体,这个整体被称为福利组合(Welfare Mix)。[②]从份额方面看,当前大学生公益服务还是社会福利组合中一个较小的组成部分,甚至对社会整体的影响力还相当微小。但是,其战略意义却不容忽视,主要是基于大学生志愿者在促进社会资本方面所具有的潜在意义。在这里,社会资本指涉的是所有有利于增进一个社会或群体共同收益并促成集体行动的社会规范和社会网

---

① 参见彭小兵《公益慈善事业管理》,南京大学出版社2012年版,第6页。
② 参见彭华民《社会福利与需要满足》,社会科学文献出版社2008年版,94～97页。

大学生公益服务长效机制建设

络，它们为日常生活的持续运转注入机能，其中社会信任尤其重要。社会资本的积累和扩大，将促进社会共识、社会良序和社会善治的有效形成。社会资本是个人和国家主观幸福感的一种主要的决定因素，可以通过个人、群体和国家层面进行建构。在个人层面，通过公益志愿服务、师生关系、接受培训等途径来实现。在群体层面，通过让人们处于宽松的、易于相互影响的物理环境来实现，或运用现代信息沟通技术降低互通障碍，就共同的兴趣爱好进行交流；还可以创造条件，鼓励促进不同族群的相互融合等方式来实现。在国家层面，可以通过学校提供的服务学习项目，或全国性的社会服务计划，以及建构充满活力的民主和媒体氛围，使得人们能够相互磋商，发展共享性的社会规范和风俗习惯。[①]

二、成果评价

大学生公益服务的评价可以是多维度的，应该用多样化的方式对公益服务的过程和结果进行全方位检视。在进行成果评价时，往往会涉及公益服务的效果、效率以及效益这三个既相互联系又相互区别的概念。其中，效果是指由投入经过转换而产出的成果；效率是单位时间内所取得的效果的数量，反映了劳动时间的利用状况；效益是有效产出与投入之间的一种比例

---

① 参见（英）大卫·哈尔彭《隐形的国民财富》，电子工业出版社2012年版，55～56页。

关系，包含经济效益和社会效益。[①] 大学生所提供的公益服务，有可能是正向的效果，也有可能产生负向的效果，只有那些为服务的目标群体及社会所接受的效果，才是有益的。同时，由于资源的有限性，大学生在开展公益服务时也要注意提高效率，使有限的资源发挥最大的效用。由此可见，在进行大学生公益服务的成果评价时，效益应该作为其中的一个核心要素，应特别注重基于受助者视角开展公益服务的效益评价，并且使公益服务的效益具有可持续性，使之具有再生能力。

三、产品创新

社会总是向前发展的，人们的需求也会随着经济社会的发展而改变，用一种方法、单一服务、相同产品无法永远满足所有人需求。因而，要立足服务对象及社会的需求对公益服务进行创新。从公益服务的结果来倒推公益服务流程，是进行公益创新设计很好的路径。也就是，在进行公益服务创新时，应先思考创新要达到什么样的目标、形成什么样的成果，为了达成这些目标和成果，服务的方法、手段、流程，团队的结构和组织方式，资源的筹措和配置，运行的体制和机制等可以作哪些改变。总之，就是用产品创新对公益服务的全流程再造进行定向。

公益服务创新包含了方方面面的内容。首先，要立足现实，有草根意识。不能天天坐在书斋里谈创新，要走进田野、

[①] 参见周三多、陈传明、鲁明泓《管理学》，复旦大学出版社2010年版，第137页。

走进社区、走进工厂、走进市场……只有真正进入老百姓的日常生活中去观察、去思考，才能创造出适合服务对象需求的公益服务产品。当前，"微公益"已经成为公益创新的强大动力，结合老百姓的风俗习惯，结合社会主流的文化和价值，结合普通人的实际能力，发动人人努力做公益，必将使公益服务具有强大的生命力。其次，要服务发展，有政治意识。当前，我国发展进入新阶段，改革进入攻坚期和深水区。公益服务在这个大发展的时代是大有可为的，关键是公益服务的方式方法、产品成果如何与社会的需求相契合，如何用公益服务创新推动社会发展。总体而言，公益服务创新要基于我国长期处于社会主义初级阶段的实际，而不是好高骛远；要立足法治中国建设推进公益组织发展，依法推动公益服务的发展，也要用法律手段保障公益参与者的权利。在条件具备的情况下，可以积极主动地参与到政府购买公共服务中，争取更多的资源用于开展公益服务；结合社会主义市场经济的发展，还可以将公益服务与创新创业有效结合起来。最后，要面向未来，有全球意识。当今世界，无论是问题的产生还是问题的解决往往都与整个世界密切相关，尤其是环境问题、安全问题等。面向未来创造一个更加安全和干净的世界是全人类的义务，在这方面大学生责无旁贷。中国作为一个世界大国，需要承担自己的大国义务，大学生应该更多地思考全人类的问题，公益创新为此提供了一个绝佳的切入点。其中，草根意识是公益服务的策略问题，而政治意识和全球意识则是公益服务的战略问题，只有把策略与战略有机结合起来，公益服务产品的创新才是有效和可推广的。

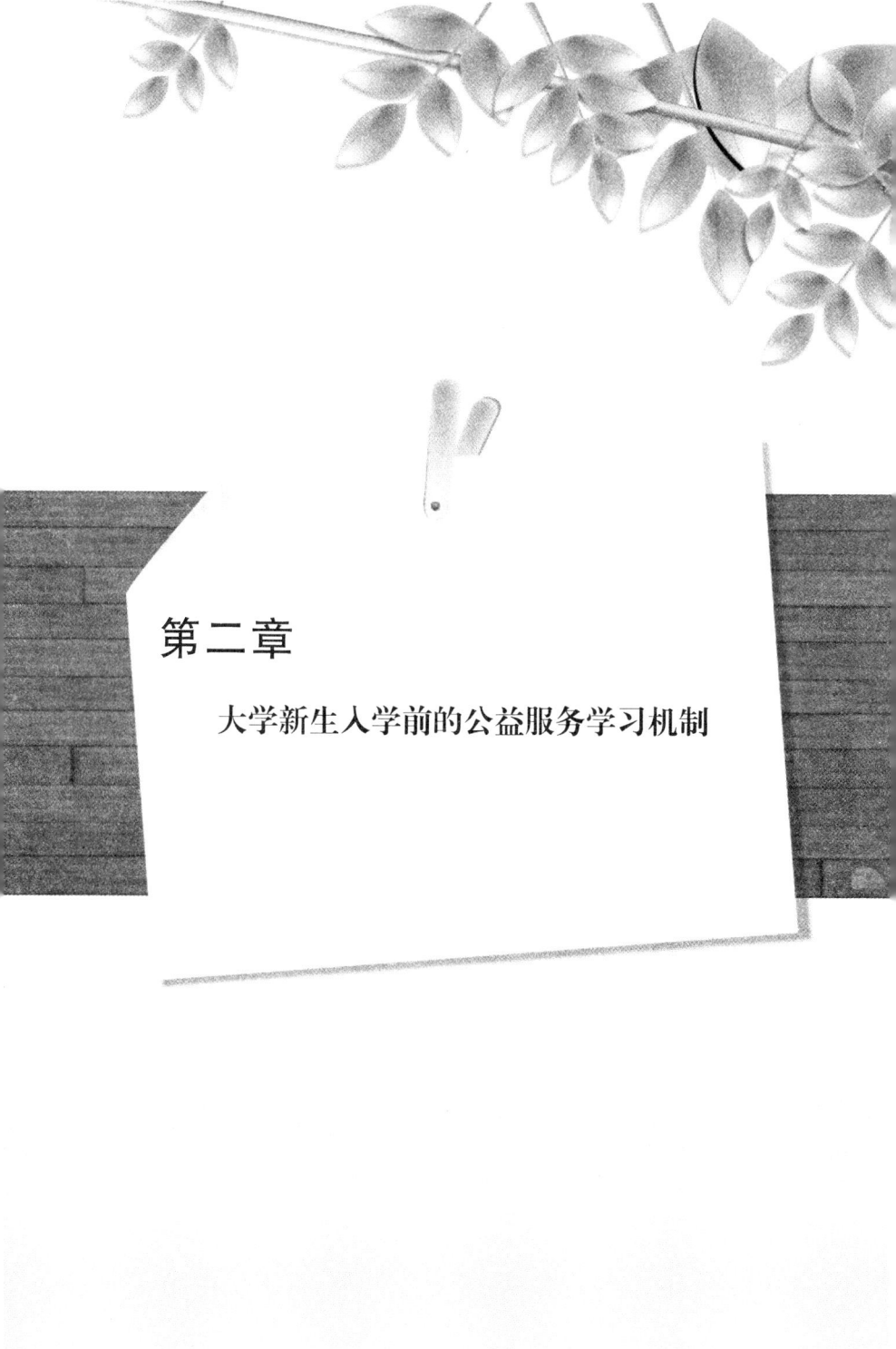

第二章

大学新生入学前的公益服务学习机制

第二章 大学新生入学前的公益服务学习机制

引导大学生参加公益服务,对促进社会进步以及大学生全面发展的意义不言而喻。它是立德树人、创新高校思想政治教育的方式之一,也是培育和践行社会主义核心价值观的重要举措。

第一节 大学新生入学前公益参与的意义

大学新生入学前的公益参与是指高中学生高考后在暑期参与的公益服务活动。这段时间正好是高中到大学的过渡阶段,也是学校教育的一个空白区。如果高校能在发放录取通知书时,倡导学生在暑假期间基于自身能力参与公益服务,则将有助于学生形成学习与生活的联结,达到很好的公益启蒙教育效果。

一、学习历程的联结功能

中学与大学在人才培养方式以及管理模式上迥异,中学多以"成绩"为中心,被动学习的特征较为明显;而大学追求学生的全面发展,强调在高校主动提供服务下的学生自我管理。许多学生因对大学的人才培养目标与组织管理方式不了解,进入大学后都会出现各种不适应,甚至不理解学校某些政策的初衷,进而影响学生自身的发展。就公益服务而言,学生在中学阶段一般较少接触,且并不将其作为一种"在做中学"的服务学习。而大学阶段,公益服务既是高校"立德树人"的方式之一,同时也是以利他为特征的一种社会实践。加强大

大学生公益服务长效机制建设

学生公益启蒙教育,实际上是帮助学生树立科学的人才观,让学生明白高校培养什么样的人才,应持何种价值观。

二、公益意识的启蒙功能

有研究表明,64.1%的大学生是通过学校学生会、社团等学生自治组织或者广播、电视、报刊以及网络等宣传媒体第一次知道"志愿者"的。[1] 这表明,因高中教育方式所限,大部分学生在进入大学之前对公益服务的认识较为薄弱。此外,中国国民慈善意识的调查结果显示,我国公民尚缺乏强烈的公益慈善意识,尚未形成社会公益的浓厚氛围,没有实现经济社会与社会公益的同步发展。[2] 而要建设大学生公益服务的长效机制,首先需要面对的便是启蒙大学生沉睡的公益意识,让学生明白何为公益、为什么要参与公益以及如何参与公益,等等。激发学生的公益意识与兴趣,方能进一步引导学生开展具体的公益服务。

三、公益参与的催化功能

从公益服务的具体开展来看,启蒙教育实际上是在为今后公益活动的开展做准备。有效的启蒙教育,不仅是公益意识以及公益兴趣的启蒙,同时也是以此为起点,为今后的公益活动

---

[1] 参见王泓、邓清华《大学生志愿服务活动:参与状况与长效机制的构建》,载《中国青年研究》2012年第8期,第48页。

[2] 参见许琳、张晖《关于我国公民慈善意识的调查》,载《南京社会科学》2004年第5期,第93~94页。

第二章 大学新生入学前的公益服务学习机制

的开展进行志愿者培训、优秀公益项目的孵化等。学生通过公益服务启蒙教育,不仅能置身良好的公益氛围中,激发公益兴趣,同时还能在参与公益的过程中,初步接触公益活动的开展流程,结交志同道合的公益团队,甚至与一些社会公益组织、服务对象建立长期联系。如中山大学新生"公益囊"活动中,大部分广东普宁籍学生都参与了以中山大学普宁籍学生为主组织的"兰·芽计划",这不仅让学生们了解了此公益组织,同时也为该公益组织的长远发展提供了新鲜血液,有利于孵化公益服务精品项目。此外,参与该公益活动后,不少学生实际上已初步具备开展公益活动的能力,结识了公益活动方面的朋友,这将成为他们入学后持续开展公益活动的起点。

第二节 大学新生入学前公益参与的操作

启蒙,并非仅仅只是指给初学者提供入门的知识,而是包括智力的启蒙、情感的启蒙、思维方法的启蒙、健全人格的启蒙等等。[①] 就公益而言,可以通过培训、讲座、媒体宣传等方式加强大学生公益启蒙教育,引导大学生参与公益活动。让学生们在实践中学习与感悟,能更有效地达到从思想、情感、行为等各方面提升学生的目的。

---

① 参见刘睿《启蒙教育与人的全面发展》,载《学前教育研究》2009年第7期,第37页。

大学生公益服务长效机制建设

一、介入新生

美国心理学家洛钦斯提出了"首因效应"概念，它指当人们第一次与某物或某人接触时会留下深刻印象。个体在社会认知过程中，最先接收到的信息会形成核心知识或记忆图式，后来接收的信息会被整合或者同化到先前知识所形成的图式中，使之具有先前信息的色彩。①

大学生正处于智力发展、精力充沛的青年时期，已经具备了一定的思维能力与分辨能力，思维活跃，渴望接受新事物，了解外部世界。但因缺乏社会经历，也表现出一定的盲目性。在新生中开展公益启蒙教育，一方面是利用"首因效应"，让学生在第一时间了解大学的培养目标以及所倡导的主流价值观，让公益意识深深嵌入学生心中，入学后能自然而然地了解学校为促进公益服务所实施的政策以及所开展的活动，迅速融入其中；另一方面，又能切合大学生思维活跃、渴望接受新事物的特点，激发学生去了解公益，并且利用科学的引导来避免盲目性。

如何将公益启蒙教育介入新生中呢？中山大学在新生中推行的"公益囊"活动是一个很好的案例。新生入学前的暑期是进行新生公益启蒙教育的很好时机，一是学生高考结束后，有大量的空闲时间，便于开展公益活动；二是学生家乡可为学

---

① 参见李欣阅《论首因效应在辅导员工作中的运用》，载《高校辅导员》2012年第4期，第48页。

第二章 大学新生入学前的公益服务学习机制

生提供广阔的公益平台，学生可直接服务社会、服务家乡。为了向所有新生倡导公益活动，中山大学经过充分调研与综合考量，设计了新生"公益囊"活动。"公益囊"包含一份公益服务表格，一份1000字左右的公益纪实文章，它将详细记录学生在参与公益活动过程中的所思、所想、所见、所闻。这种方式不仅能让所有的新生参与其中，同时又便于老师了解学生的公益活动参与情况。与此同时，为了对未入学的学生进行科学的公益引导，除"公益囊"之外，学校还会附上中山大学文明修身、班级凝聚和尊师爱校学生思想教育"三项工程"的介绍以及"校园十大人物"简介，以让更多的学生理解"公益囊"的意义。通过推进新生"公益囊"活动，一方面引导新生将公益活动看作学校人才培养的途径之一，另一方面在新生中树立典型，了解活跃在校园里的"公益达人"。这种方式成功地引导了几乎所有新生参与公益活动，让学生在参与中得到了关于"公益"的感性认识。

新生入学后，学校进一步通过各种形式开展公益服务教育，以确保学生在参与"公益囊"有所体会的情况下，进一步巩固和提升对公益的认识。如各院（系）通过入学教育、形势与政策课等途径开展公益指导课；利用寒暑假，组织学生撰写"公益调查报告"，让学生主动了解当前国内外公益开展情况；等等。这些都有助于学生更为理性地看待自身的公益行动，提升自己的理论水平，初步达成理论与实践的结合。

二、家校合作

家校合作，是指对学生具有重要影响力的两个组织——家庭和学校，形成合力对学生进行教育，使学校在教育学生时能更多地得到来自家庭方面的支持，而家长在教育子女时也能更多地得到来自学校方面的指导。① 在美国，家校合作是近30年教育改革的主题，日本、法国以及中国香港地区等，都有较成熟的尝试。著名教育家苏霍姆林斯基曾经指出：最完备的教育是学校与家庭的结合，没有家庭教育的学校教育和没有学校教育的家庭教育，都不可能完成培养人这样一个极其细微的任务。《中共中央国务院关于加强和改进大学生思想政治教育的意见》明确指出，学校要探索建立与大学生家庭联系沟通的机制，相互配合对学生进行思想政治教育。家庭与学校合作，形成教育的合力，对大学生的发展有不可忽视的作用。

就公益服务的启蒙教育而言，加强家校合作，一是有利于争取家长的支持与理解，为家长参与学校教育和学生管理提供渠道；二是充分利用家长的资源，为学生参与公益活动搭建平台，弥补学生公益资源的不足；三是以家庭为中心，形成辐射效应，向社会倡导高校公益服务理念，为学生参与公益活动营造良好的社会氛围。此外，对公益活动的具体开展而言，资源是公益活动的重要因素，包括物资资源、政策资源、信息资

---

① 参见陆瑾、夏骄雄《高校中家校合作教育的策略研究》，载《中国青年政治学院学报》2008年第5期，第117页。

第二章 大学新生入学前的公益服务学习机制

源、人力资源等。可以将家庭教育中"家庭"的概念拓展到学生所生活的社区、家乡所在地等。加强家校合作，实际上也是在构建一种资源整合机制，以此联合社区、公益组织以及社会团体共同为大学生的公益服务学习提供支持。

中山大学通过开展新生"公益囊"活动，在学生入学前倡导学生参与公益。但其中面临的现实问题是，谁来对新生入学前开展的公益活动进行管理与指导？谁来给刚刚毕业的高中生提供参与公益的平台？学校在倡导新生"公益囊"活动时，设置了"家长赏析"、"服务对象赏析"环节，以引导家长、社区以及公益组织、社会团体与学校共同关注学生暑期开展的公益活动。而新生将"公益囊"带到学校后，学校组织辅导员及学生骨干对"公益囊"进行整理归档，对相关数据进行分析并结合各方面的意见对相关内容进行完善与改进，形成家庭—学校—社会的联动。根据学校对2012年、2013年新生"公益囊"开展情况进行的统计，大多数学生家长积极地为学生参与公益活动提供支持与引导，有的还直接与学生一起参与。学生们的公益活动也得到了来自社区、社会的支持，如深圳义工联、肇庆市回乡志愿者协会、普宁市"兰·芽计划"以及各地福利院、敬老院、学校、医院等机构。据统计，2012年新生"公益囊"活动中，32.6%的学生去敬老院、孤儿院等福利机构做义工，23.4%的学生在社区、村委会做义工，15.5%的学生在图书馆、地铁站、火车站、医院等服务型机构做志愿者，9.9%的学生参加支教活动，6.7%的学生进行环保、安全、卫生方面的宣传，5.5%的学生举行义卖、募捐、义演等活动。这种家校合作的模式，极大地联合了各方力量，加强大学生公益服务学习的力度，不少公益组织还对学生进行了专业培训，进一步提升了学生参与公益的能力。同时，学生在实践中一方面为当地公益组织增添了新的力量，另一方面也使得中山大学学生与当地公益服务组织建立起了联系。

三、朋辈激励

朋辈，顾名思义，既是指朋友、同龄人，亦是指年龄与地位相近的结合体。朋辈激励是通过同学或者同龄人相互之间的积极评价和肯定，从而达到增强个体自信的目的。[①] 朋辈激励是一种互助式的心理激励，同伴之间经常给予积极的刺激，可以使每一位同伴都能以积极的心态面对眼前的人和事，更好地共享与合作。

在进行公益启蒙教育时，朋辈激励可以取得很好的效果。大学生群体年龄层次、心理特征、知识结构以及兴趣爱好相似，他们通常用平等的态度参与合作，且同龄人之间不容易产生隔阂，易沟通。因此，不同的观念与价值容易在朋辈之间传递与被接受，彼此之间更容易得到认同。

首先，有利于激发兴趣，鼓励共同参与。在新生"公益囊"公益实践中，因朋辈之间价值观容易得到认同，学生们会自觉地与自己高中的同学或者同校师兄师姐一起参与。在对

---

① 参见高紫薇《朋辈激励在大学生志愿服务中的探索和运用》，载《青年探索》2011年第2期，第42页。

"公益囊"活动的分析中发现，不少学生选择了与高中同学一起组织、策划、参与公益活动；同时，他们又能够通过师兄师姐的引导迅速地融入活动中。青年学子们创意无限，开展了丰富多彩的公益活动。除传统的公益活动外，他们还独立策划公益晚会筹集善款；组织团队调查乡村义务教育现状、当地贫困大学生状况，为困难学生寻找资助平台；参加"多背一公斤"微公益活动；等等。

其次，有利于树立典型，鼓励创先争优。在新生"公益囊"活动结束之后，学校会组织"优秀公益囊"评选，通过举办"公益分享会"、"高低年级交流会"等，不仅让新生交流自己的"公益囊"活动，同时让活跃在校园中的"公益达人"介绍自己开展公益活动的所思所得，以此树立典型，让朋辈之间互相交流与学习。此外，在评选奖学金、助学金等过程中，在对学生的综合素质进行考察时，学校都会对学生参与公益服务的经历进行适当的考量，从各个层面对学生参与公益服务进行激励。

最后，有利于组建核心团队，鼓励互助合作。继新生"公益囊"之后，为了让朋辈之间延续公益活动传统，中山大学通过各种赛事，如本科生校园公益实践项目、亚德客公益实践项目评选等，促进学生组建核心团队，让志同道合的朋辈之间相互合作，孵化优秀的公益品牌项目。

第三节 大学新生入学前公益参与的效果

开展新生公益服务学习活动,培养了大学生们的公益服务意识,提升了他们开展公益服务活动的能力,并在社会上广泛传播了公益精神。

一、培养公益意识

大学新生入学前的公益参与,激发新生的公益兴趣、培养公益意识是首要任务。只有让学生经历了从"无"到"有"的过程,明白了开展公益活动对社会、对个人的重要作用,才能真正将公益内化为自觉的行动,才能为学生持续参与和关注公益提供长久的精神动力。中山大学通过新生"公益囊"活动以及入学后一系列的教育培训活动,在激发公益兴趣、培养大学生公益意识方面取得了良好的成效。据统计,在2012级新生"公益囊"活动的基础上,2013级新生更加积极,平均公益时长为35.69小时/人,较2012级增加15.23小时/人。2012年、2013年学校学生社团招新中,校园各公益社团持续两年报名人数都在各大社团之首。

二、提升公益能力

公益能力,包括公益活动的组织、策划、宣传与实施能力。通过开展新生的公益服务学习,让学生具备基本的公益能力,不仅是为大学生公益服务的可持续发展提供人力资源与团

第二章　大学新生入学前的公益服务学习机制

队保证，同时也有利于学生团结合作、沟通协调、人文情怀等方面综合素质的提高，促使学生在公益活动的过程中看到自身成长，更加积极地投身于公益实践中。新生"公益囊"活动中，通过"公益分享会"、"公益指导课"、"公益调查报告"培养了大学新生初步的公益理论知识，同时，学生通过切身参与各类培训，具备了基本的公益实践能力，一些优秀的"公益囊"项目甚至可以孵化为校园公益品牌项目。

三、传播公益精神

要促进大学生公益服务的可持续发展，营造浓厚的公益氛围必不可少，其中既包括社会环境，也包括校园环境。新生公益服务学习活动的开展，在社会上传播了奉献、合作、互助的主流价值，让公益成为当代大学生的一种时尚选择，使公益活动获得社会支持，让大学生公益服务的开展更为顺利，也有利于公益的"全民参与"。以新生"公益囊"实践活动为载体，实际上营造了一个包含学生家长、朋友以及社会公益团体等在内的公益文化辐射圈，营造了一种"人心向善"的公益氛围。这种方式，将高校的办学理念延伸至学生家门口，同时也体现了高校的责任担当，产生了较大的社会影响。中山大学新生"公益囊"活动因此也得到了人民网、腾讯网、新浪网、《南方日报》、《南方公益》等多家媒体的报道，并入选首届"全国辅导员工作精品项目"。

大学新生公益服务学习，是一个循序渐进的过程。应适时介入，引导新生参与公益实践，这既是公益意识的启蒙，也是情感的启蒙、思维的启蒙、精神的升华。高校作为教育机构，营造良好的公益氛围，依托家庭、公益组织以及社会团体进行资源的整合，同时尽量为学生提供理论引导、搭建平台方面的支持，必将有利于大学新生在公益意识和公益行动方面逐步提升。

第三章

公益服务嵌入高校奖学工作的机制建设

第三章 公益服务嵌入高校奖学工作的机制建设

奖学金是由政府、高校、企业、社会团体或者个人颁发给优秀学生的奖金,以此激励学生向善向上,成为对社会有用的人。一个学校的奖学金制度体现了该校的人才培养目标,如果高校在奖学金评选方面能大力倡导学生积极参与公益服务,将对培养服务社会发展的优秀人才起到推动作用。

第一节 公益服务嵌入奖学工作的意义

积极推动优秀大学生参与公益服务,将进一步增强学生的使命意识,推动学生在实践中砥砺品行、提升创新能力,进而培养学生的领袖气质。

一、增强使命意识

作为一种德育方式,公益活动的开展会为学生了解社会打开一扇窗,使学生能够在公益实践中了解社会、认识国情。在公益实践中,学生们和不同年龄、不同层次、不同职业的人打交道,能够获得社会方面的知识,有益于他们进一步加深对社会的了解。同时,通过开展公益活动认清自己的社会位置,明确自身的时代责任,激发他们的学习热情,调整和完善他们的知识结构。在开展公益活动中,使他们深刻感受到老百姓生活的方方面面,有利于树立全心全意为人民服务的思想,这与思想政治教育的目标完全吻合。

二、砥砺道德品质

首先,公益活动有助于优秀学生树立社会主义信念,增强社会责任感,培养为人民服务的思想。越是优秀的大学生对社会发展越是抱有很高的期望,但他们对于国情、民情的了解可能并不全面,看待社会与人生往往较为理想化,以书本的知识简单衡量复杂的现实生活,因而对改革的长期性、艰巨性、复杂性认识不足;面对改革过程中出现的困难和不良现象,容易产生急躁和不满情绪。参加公益活动,能使他们认清历史使命、了解社会的实际需求,增强社会责任感。

其次,公益活动有助于培养优秀大学生的集体主义精神。公益活动是一种无偿的义务服务。在公益活动中,学生能切身体会到个人能力是有限的,集体的智慧、力量是无穷的,个人离开了集体将一事无成。只有把个人有限的力量汇集到无穷的集体力量中去,才能发挥应有的作用。鼓励优秀学生参与公益活动,对大学生树立热爱集体、关心集体、服从集体的精神是有益的。

最后,公益活动有助于优秀大学生培养艰苦奋斗的精神。大学生一直生活在学校环境里,他们对创造物质财富过程中遇到的各种困难缺乏深刻的认知。开展公益活动,可以让学生亲身体会幸福生活的来之不易。如到偏远贫穷落后的山村的下乡活动,学生能目睹那里的农民在恶劣的自然环境中使用简单的工具进行劳作,体悟勤劳、勇敢、任劳任怨、不怕困难的优秀品质,逐步帮助他们树立起艰苦奋斗、吃苦耐劳的良好品性。

三、提升创新能力

大学生在参与公益活动的过程中,不仅可以锻炼灵活运用自己的专业知识的能力,还可以培养创新创业精神。公益服务实际上也是一个项目孵化的完整生态链,这些项目大致可以分为三类:以知识传递为目的的教育类项目,以推动实践为目的的实践类项目,以孵化成熟业务模式为目的的公益创业孵化类项目。这三类项目在功能上相辅相成,共同形成了一个以推动公益发展为最终目的的"产业生态链",有利于学生学会风险规避方法,并在此过程中提升创新创业能力。

四、培养领袖气质

具有领导力和领袖气质是对当代优秀大学生提出的要求。具有领导力和领袖气质的人一般具有以下三个方面的特征:首先,应关注身边的每一个人。每个人都渴望被认可、被重视,如果你能注重身边的人,对方一定能感受到,并且会很快加深对你的信任,也容易接受你的想法,双方沟通需要花的成本就小多了。其次,能顾全大局。一个人为人处事只从自己的角度出发,只考虑到自己的利益,就得不到团队的认可,更谈不上树立威望了,如果在个人利益与团队利益发生冲突时选择顾全大局,学会设身处地地为他人着想,得到大家的信任会更容易,并且团队的成长速度也会更快。最后,需要能够提出意见并且善于决策。参加公益活动为培养学生领导力提供了一个非常好的平台,在这个平台上大学生有机会关心社会、关心他人、关心弱者,从他人的利益出发,为需要帮助的人提供力所能及的帮助。

第二节 公益服务嵌入奖学工作的方法

公益活动对大学生成长成才意义重大,公益服务嵌入高校奖学工作的方法也多种多样,应根据学校的实际情况予以规划,刚性要求法、优先指标法、单项奖励法和综合评定法是其中比较常见的模式。

一、刚性要求法

奖学金是奖励品学兼优的学生,不仅仅是成绩好,思想品德也同样重要。因此,在制度设计时可以将参加公益活动作为学生申请奖学金的必要条件,明确规定"有公益实践经历的学生才有资格申请奖学金",甚至可以在具体参与公益的形式或者在公益时数方面作出详细规定。这种规定在推动学生积极参与公益活动方面,往往可以起到立竿见影的效果。但是,这种模式也容易遭到部分学生甚至教师的非议,他们认为这样的制度设计有公益功利化的嫌疑,违背了公益服务的自愿原则。刚性要求法也对公益时数的认证提出了较高的要求,需要制定专门的公益时数认证的管理办法,成立公益时数认证的部门,有一支公益时数认证的队伍,这在一定程度上也增加了学校的工作负担。

二、优先指标法

公益作为道德评价的重要指标,已经被社会和越来越多的企业认可,捐赠奖学金的捐赠单位在设立奖学金的时候经常会对参评奖学金的学生在参与公益实践方面提出要求,要求优先考虑积极参与公益活动的学生,或者对参与公益实践方面取得一定社会影响或是获得表彰的学生予以优先。优先指标法在操作层面上会存在一定的问题,如何"优先考虑",是建立在同样的综合测评或者同样学习成绩基础上优先考虑,还是积极参加公益的可以降低对成绩的要求?另外,对"积极参加"如何定义,怎样才算是"有一定的影响力"?这些都是在制度设计的时候需要进一步考虑和明确的问题。

三、单项奖励法

也有不少高校为了鼓励学生积极参加公益活动,单独设立一项公益奖学金或者将公益实践突出作为单项奖学金的一种类型。单项奖励法有明确的导向性,操作起来也比较简单,但是这样的奖项比较单一,仅仅是肯定了在公益方面表现突出的学生,似乎缺乏含金量,有可能导致学生不太重视这样的奖励项目。

四、综合评定法

将参与公益活动作为奖学金综合测评加分项目是高校目前采用最多的一种模式。参加公益活动的时数或者取得的社会影响力、获得的荣誉决定了德育加分的高低，也决定了综合测评的分数，直接影响奖学金的等级。综合测评法在制度设计上也需要结合人才培养目标和专业特色，加分多少影响等级的评定，不同的学科对公益和专业有不同的要求，因此综合测评法适用于具体的院（系），不太适宜在全校范围作笼统的规定。

第三节 公益服务嵌入奖学工作的条件

尽管公益服务嵌入高校奖学工作对学生成长成才和学校的人才培养具有重要作用，但要发挥这些作用需要一些基础条件，应从做好顶层设计、提供支持保障和加强宣传教育等方面入手，营造有利于大学生参与公益服务的良好氛围。

一、做好顶层设计

将公益服务嵌入奖学工作中，在制度上是一种创新，需要国家、社会、学校以及学生的共同努力。任何制度无论在程序上设计得多么完美，如果得不到国家和民众的支持，都不可能真正发挥推动社会发展的作用。将公益服务嵌入奖学工作中同样需要得到国家的支持。如今，实践育人越来越受到重视。《国家中长期教育改革和发展规划纲要（2010—2020年）》指出，应充分认识高校实践育人工作的重要性，统筹推进实践育人各项工作以及切实加强对实践育人工作的组织领导。因此，进一步加强高校实践育人工作，是全面落实党的教育方针、深入实施素质教育、大力提高高等教育质量的必然要求。教育部等七个部门联合颁布的《关于进一步加强高校实践育人工作的若干意见》中明确指出，坚持教育与生产劳动和社会实践相结合，是党的教育方针的重要内容；坚持理论学习、创新思维与社会实践相统一，坚持向实践学习、向群众学习是大学生成长成才的必由之路。由此可见，实践环节在育人过程中的重要作用日益受到政府及教育部门的重视，这也是高校深化教育改革和完善人才培养模式努力开拓并将深入开展的工作领域。公益服务作为大学实践育人工作的重要组成部分，得到进一步重视，内容不断丰富，形式不断拓展，积累了不少宝贵的经验，取得了不错的成效，但与培养创新人才的要求还有一定的差距。因此，国家要加强公益志愿服务的总体规划，支持高校系统开展公益活动，积极发挥大学的主观能动性，从制度层面和资源配置方面支持高校落实立德树人的人才培养目标，加强公益基地建设，加大高校公益经费投入，加强对志愿公益的研究，强化舆论引导。从高校层面而言，在改革和发展规划中，要紧紧围绕学校中心工作和人才培养根本任务，完善公益服务的体制机制、搭建公益平台、打造公益品牌，秉持以学生为本的理念，突出学生参加公益的主体性和积极性，构建学思结合、知行统一的大学生公益服务模式。

二、提供支持保障

制度的良性运转需要很多条件的支撑，是多种因素的共同作用。首先，要加强指导教师的队伍建设。倡导辅导员、专业课教师根据自身优势指导大学生开展公益活动，对学生的公益活动进行分类指导。同时，聘请有丰富实践经验的专业人士加入大学生公益服务的指导老师行列。其次，要注重公益实践基地建设。长期稳定的合作关系是开展高水平公益活动的重要条件，要开发或共建学生公益服务基地，通过与就业实习单位、志愿服务机构和课外赛事活动主办方、街道办事处、社区等多方联动，扩大学生参与公益服务的组织规模和参与层面，加强公益服务的规范性，力争每个院（系）、每个专业，甚至每个班级都有固定的公益服务基地，形成有特色的公益活动品牌，形成公益服务的可持续发展。

三、加强宣传教育

优秀大学生对国家未来有责任感和使命感，有忧患意识，善于对社会存在的问题进行思考和分析，希望实现社会的公平和正义，因此在这一群人中容易涌现出许多热心公益的典型，他们助人为乐、敢于担当、勇于奉献、服务社会和人民，在公益事业中发挥着重要的作用，是当代大学生的楷模。但是，也有不少大学生对参加公益服务还是停留在想的阶段，还未付诸实践。学校的职责是育人，教育不仅是让学生学习好书本上的知识，更重要的是教会学生如何做人，如何做一个对社会、对民族有用的人。将公益和学校的奖学金制度相结合，通过表彰和奖励，树立一批积极参与公益活动的典型，通过榜样的示范作用，影响其他学生，在校园里营造积极参加公益活动的氛围，使公益成为每个追求优秀的学生的一种习惯。与此同时，要注意加强公益服务及奖学金制度的政策宣传，让师生员工充分认识到公益服务嵌入奖学工作的重要性。要构建多层面的宣传渠道,搭建多样化的宣传平台,使学生对公益服务的奖励制度有较为全面的认识,为制度的顺利实施扫除障碍。

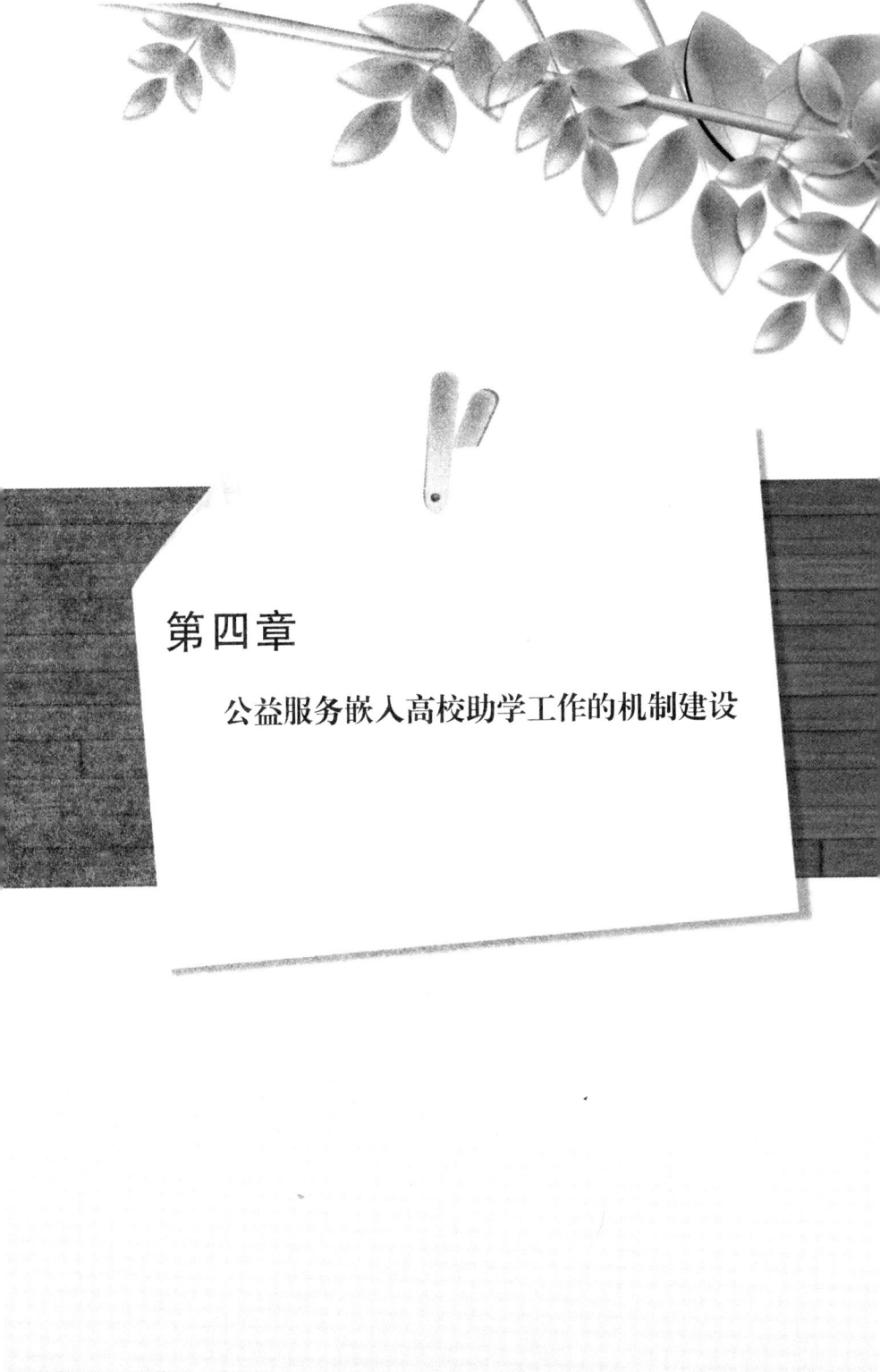

第四章

公益服务嵌入高校助学工作的机制建设

第四章 公益服务嵌入高校助学工作的机制建设

助学育人是高校资助工作的根本任务,经济资助是手段,育人成才是目标。公益服务可以为家庭经济困难学生接触社会、了解社会、服务社会提供很好的平台,高校有必要建立起相应的公益参与机制,促成受助学生精神的丰盈、人际的拓展和职业的发展。

第一节 公益服务嵌入助学工作的意义

家庭经济困难学生参与公益服务,从表面上看是付出了很多,但实际上,收获最大的是家庭经济困难学生本身。因为在为他人带来帮助的同时,参与公益服务可以为家庭经济困难学生自身带来精神的丰盈、人际的拓展和发展的积淀。

一、精神的丰盈

目前,高校家庭经济困难学生资助体系日益完善,基本实现了对家庭经济困难学生资助的全覆盖。在经济资助基本解决的前提下,如何丰富助学工作的育人内涵就成为高校助学工作所要面对的问题。公益服务嵌入高校助学工作,可以有效地丰富助学工作的育人方式和精神内涵,使家庭经济困难学生在受助与助人中形成心理的平衡,有助于拓展家庭经济困难学生的人际交往圈,也有利于他们积淀个人发展的正能量。

(一)促进心理健康

现代意义上的健康既指身体方面的健康,也指心理和精神方面的健康，包含了人格的健全和完善。公益服务嵌入高校助学工作，有利于培养完整的人，完善家庭经济困难学生的全面人格。一般来说，人的心理需要有一种平衡机制以达成心理的健康。一个人如果长期处于受助状态，容易形成自卑和依赖心理，这种心理状态具有很强的破坏性，容易使人精神低迷，甚至产生一定的攻击性。参加公益服务，家庭经济困难学生能够在受助与助人中实现力量的均衡，因受助而形成的"弱者"心理与因助人而形成的"强者"心理得到对冲，进而有利于心理的健康。

（二）完善价值认同

价值认同是指人们在自己的社会实践活动中能够以某种共同的价值观念作为标准规范自己的行动，或以某种共同的理想、信念、尺度、原则为追求目标，并自觉内化为自己的价值取向。① 健康的价值认同，能对我们的学习、工作和生活产生积极的影响，对社会经济发展起到积极的推动作用。公益服务倡导青年大学生向上、向善，是一种积极健康的价值导向。受助学生在参与公益服务过程中，通过与团队成员的良性互动，自觉或不自觉地以服务他人作为自己的价值追求，并在提供服务的过程中学习、体悟、收获，进而把公益服务的价值理念转化为个人的自觉行动。

---

① 参见贺善侃《经济全球化背景下的价值认同与冲突》，载《毛泽东邓小平理论研究》2003年第5期，第102页。

（三）提升人格魅力

人格魅力指一个人在性格、气质、能力和道德品质等方面具有的、能够吸引别人的力量。一方面，参与公益服务能够很好地培养大学生的人文情怀，让青年大学生关注需要帮助的人，并用实际行动解决或消减社会问题，为他人带来幸福和快乐。参与公益服务的大学生，常常会受到使命的感召，大多充满理想，能够在提供公益服务的过程中提升自己的能力，感受到被他人或社会所需求，获得自我实现的机会。另一方面，受助学生参与公益服务，能调动起他们的创意，使之充满活力。也就是说，参与公益将使受助学生不会因为自己暂时的家庭经济困难而萎靡，并在服务他人中有效提振起精气神。

二、人际的拓展

推动家庭经济困难学生在受助的同时参与公益服务活动，有利于拓展受助学生人际交往的范围，形成有效的情感支持伙伴圈、知识交互学习圈及做事创业社会圈。

（一）情感支持伙伴圈

人是情感丰富的社会动物，在悲伤时需要找人分担，在快乐时需要与人分享。参与公益服务的志愿者，往往具有较为相似的价值观，容易形成彼此信任的亲密伙伴关系。同时，志愿者们由于在公益服务中较少牵涉到个人利益，彼此之间的交流和互动更加诚恳，不会有太多的顾忌。价值的共性加上利益的

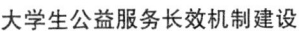

无涉,使得志愿者之间的情感关系更为纯洁,相互的支持将变得更加轻松愉悦,更能使人得到情感的满足。

(二) 知识交互学习圈

不同专业、年龄和特长的学生在一起参与公益服务,必然涉及多层面的互动。在此过程中,志愿者的个性特征、专业知识、能力水平等都将有意或无意地呈现出来。这就为公益服务的参与者提供了一个高层次的交互学习机会,使得不同的专业知识能够在同一平台上展示出来,不断地进行专业方面的深度合作,共同服务于公益事业。实际上,这比课堂上的通识教育更进了一步,是通识教育的实践版,有利于专业之间的协同创新。

(三) 做事创业社会圈

家庭经济困难学生如果能在大学阶段积累一定的人际关系,对他们未来更好地做事创业将有推动作用。普遍而言,家庭经济困难学生的家庭社交圈较为单一,缺乏强有力的发展支持体系。家庭经济困难学生参与公益服务的过程中,既有与朋辈的交往,也有与师长的交往,还有与公益专业人士的交往以及与其他相关人员的交往。这种交往不仅锻炼了家庭经济困难学生的交际能力,而且为自己结交更多朋友打开了方便之门。由于志愿者们因公益聚集在一起,大家在交往中更容易趣味相投,更有理想的情怀,相互支持也将更加深入和持久。

三、发展的积淀

推动家庭经济困难学生在学好功课的同时参与公益服务，从根本上说是为了促成家庭经济困难学生的发展成长。当前，越来越多的用人单位在招聘时都会对应聘对象提出公益志愿服务或社会实践方面的要求。在大学期间参与公益服务是经济社会发展对受助学生所提出的必然要求，有利于受助学生深化社会认知、丰富个人履历、积累工作经验。

（一）深化社会认知

大学生对社会的认知有一个逐步深化的过程，需要"读万卷书、行万里路"，还有人提出应该加上"看万张碟"。读书、看碟、上网等方式可以学到很多关于社会方面的知识，但这些知识还只是抽象的，需要通过"行"的方式进行检验，以升华自己的体悟。受助大学生参加公益服务，特别是自己去设计公益服务项目、组建工作团队并在实际中推行服务计划，能够调动起自己的各方面知识，围绕着一个或几个社会问题去寻求解决办法，这是一个非常好的深化社会认知的过程。在深化对社会认知的过程中，也加深了对自身知识、能力和水平的认识。

（二）丰富个人履历

履历是个人经历的一个简要说明，在求职就业中主要起推介自己的作用。大学生的个人履历相对简单，如果大学期间能

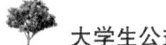

在搞好学习的同时参与一些提升自己能力的活动,则可以为个人履历的丰富提供素材。受助学生参加公益服务活动,正是丰富自身履历的好机会。用人单位可以从学生的个人履历中筛查核心信息,初步判断出应聘者的基本素质与能力。持续参与公益服务的应聘者会被视为具有爱心、富有理想的人。因而,参与公益服务可以成为受助学生走向未来职场的一张名片。

(三)积累工作经验

公益服务一方面可以参与已有的项目,另一方面也可以自己组建项目团队为有需要的人群提供服务。无论哪一种参与方式,都将有利于参与者工作经验的积累。公益服务本质上是用提供服务的方式调节人与人之间的利益关系,其核心是服务,关键是利益关系的调节。家庭经济困难学生通过公益服务,学会用自己的专业知识,有创意地去调节人与人之间的利益关系,不仅服务了有需要的人群,而且还提升了自己的工作能力,可以达成多方共赢的效果。

第二节 公益服务嵌入助学工作的方法

在看到高校家庭经济困难学生参与公益服务具有育人功能的同时,更应该探讨的是用何种方式来推进家庭经济困难学生参与公益服务。总体的原则是,公益服务嵌入助学工作要结合学校的日常教育管理服务,结合家庭经济困难学生的专业学习,结合学生成长发展的需求。

第四章　公益服务嵌入高校助学工作的机制建设

一、结合助学金申请的公益服务申报法

家庭经济困难学生在申请助学金时申报自己参与公益服务的情况，这是推动家庭经济困难学生参与公益服务的一种有效方法。当然，这种方法是结果导向的，意即学生需要在助学金评定之前先参加公益活动。申报制是一种提醒，目的是倡导受助学生参加公益服务。具体的操作分学生申报、学校公示和个别追踪三个步骤。

（一）学生申报

学校助学管理部门在发布助学金评选通知时应在助学金申请表上设置公益服务填写栏目。家庭经济困难学生在申请学校各类助学金时，根据自己的实际情况把所参与的公益服务情况进行填写申报。由学生自己申报公益参与情况，是对学生的一种信任。实际上，这也是在管理服务中进行诚信教育的一种方式。学生申报的内容包括公益服务的总时数、所参与公益项目的简单情况、活动的见证人等，总的原则是填写要便捷，信息可复核。

（二）学校公示

让学生自己申报参与公益服务的情况并不等于学校不采取措施进行监督。但如果学生数量多了，一对一的监督和检查是无法实施的，可以采取网上公示的方式对受助学生的公益参与进行监督，也就是通过公开透明的方式让学生感觉到监督的力

量。公示还可以分为三个层级,包括班级公示、院(系)公示和全校层面公示。范围由小而大,既是对学生申报情况的监督,又是对公益参与的一种表扬,还可以成为对没有参与公益服务学生的一种鞭策,可以起到一箭三雕的效果。

(三)个别追踪

为了推动全体受助学生都参与公益服务,还需要建立家庭经济困难学生公益服务参与的追踪机制。有一部分学生由于种种原因,没有参加公益服务活动,应该采取措施对这部分学生进行跟踪。可行的办法是,定期组织院(系)辅导员对受助学生的公益参与情况进行统计分析,查明受助学生没有进行公益服务的原因,采取针对性的措施促成受助学生的公益参与。

二、结合公益团队建设的项目推进法

把公益服务嵌入学生助学工作中,仅有学校及老师方面的努力是不够的,关键是要发挥学生的主体作用。可以根据受助学生的情况分类组建公益服务团队,围绕公益团队打造不同特色的公益服务项目,从而形成学生自我管理、自我教育、自我发展的良好局面。

(一)组建公益团队

首先可以按照助学类型的不同分类组建公益服务团队,然后再以活动为载体,使得不同类型的公益服务团队形成公益服务联盟,彼此取长补短、相互学习。组建公益团队的关键是要

第四章 公益服务嵌入高校助学工作的机制建设

选拔好团队负责人,最好通过公开报名的方式进行招募。在选拔好团队负责人后,组建团队的骨干成员,然后把获得同类助学金的同学吸纳到公益服务团队中。公益团队成员的吸纳,要遵循"从愿意接受的人群开始介入"的原则,把乐于参与公益服务作为加入公益团队的首要考虑因素,进而带动其他受助学生的参与。

(二) 策划公益项目

在组建好公益服务团队后,可以通过发动团队成员进行公益项目的设计来调动团队成员的参与。在项目设计中,应鼓励公益服务团队成员把所学到的专业知识应用到公益服务中。公益项目设计的关键是要发挥大学生的创意,不在乎项目有多大,而在于项目的创造性和可行性。在设计项目方案的过程中,可以请有经验的公益人士或老师对团队成员进行培训和指导,以提升团队成员服务的专业化,避免走弯路。项目方案设计完毕,还可以举办项目方案的交流分享会,并评选优秀公益服务方案。

(三) 开展公益服务

在遴选出优秀公益服务方案的基础上,应发挥团队成员的集体智慧对方案进行充实完善,进一步评估项目方案实施的必要性和可行性,进而筹备所需的资源进行项目方案的实施。实施公益服务项目也就是公益服务团队开展公益服务的过程。其中,团队精神的培养和专业方法的应用是大学生开展公益服务的核心要素。当然,团队成员的安全是第一位的,应通过制定风险预案、购买保险、风险教育等方式,防患于未然,以便公益团队安全有序地提供有效服务。

三、结合助学育人的公益服务体验法

对大学生而言,公益服务除了做和行以外还有一个学习和分享的问题。公益服务嵌入助学工作中,一个较为便利的做法是结合助学育人工作开展公益服务的学习研讨及体验分享。

（一）公益服务工作坊

公益服务工作坊（workshop）是以在公益服务某一领域富有经验的主讲人为核心,10~20名成员在主讲人的指导之下,通过活动、讨论、讲演等多种方式,共同探讨某个公益话题。举办工作坊进行公益服务方面的学习,活动形式多样,便于学生参与。公益服务工作坊的成员通常包含参与者、专业者和促成者三种角色,合理调配好这三种角色之间的关系是提升公益服务工作坊成效的关键。

（二）公益服务分享会

公益服务分享会是以会议的方式进行公益服务知识和公益服务体验方面的分享。选择好分享的主题以及在会议上进行分享的人,是公益服务分享会最为重要的一环。其中,公益服务分享会的主题应该注意从受众的角度来确定,注意听众的所思所想所需,而不能无的放矢。分享会的讲演者至少要从两方面

进行考虑，一是其思想性，要考察讲演者在公益服务方面的理论造诣或者对公益服务的认识是否深刻；二是实践性，要考察讲演者的实践经历和实务能力。

（三）公益服务研讨会

公益服务研讨会是问题取向的，着重讨论公益服务面临的问题，这些问题既可以是重大的理论问题，也可以是实践中遇到的操作性问题。研讨会最好既有理论方面的研究专家参与，也有实务方面的专家参与，使得理论与实践能够形成碰撞并产生火花。研讨会不能搞成"一言堂"，只有一种声音的研讨会决不会是一次成功的研讨会。受助学生通过参与高质量的公益服务研讨会，可以在较短时间内提升对前沿问题的认识，并为受助学生与公益领域的相关专家建立起联系提供机会。

第三节 公益服务嵌入助学工作的条件

促成家庭经济困难学生参加公益服务是一件大好事，但需要一些基础条件。这包括需要采取措施进行思路创新、资金资助和平台建设，打造与家庭经济困难学生能力相匹配的公益参与体系。

一、创新思路

普遍的观点是，家庭经济困难学生本身已存在经济方面的问题，应该花更多的时间去解决自己的问题。这种观点非常客观,也是理性的,家庭经济困难学生确实应该花大力气努力通过"自助"的方式解决自身问题。但这并不意味着家庭经济困难学生不需要或不能去做公益,而是要通过公益服务的思路创新来让家庭经济困难学生参与公益。要改变家庭经济困难学生是"弱者"、不需要做公益的思维惯性,要设计出方便家庭经济困难学生做公益的项目方案,并使得参与公益服务的家庭经济困难学生从中受益,实现公益的"共益"价值,产生共赢的效果。也就是说,促成家庭经济困难学生参与公益服务,首要的是从家庭经济困难学生的实际出发,从发挥家庭经济困难学生主体性入手,至少不应让公益服务参与成为家庭经济困难学生的负累。要做到这些,就必须用创新的思维来开展公益服务,从而方便家庭经济困难学生参与其中。

二、资金资助

尽管公益服务并不总是需要资金,但如果能够有资金的支持,对家庭经济困难学生参与公益服务而言将是非常有利的。首先,可以对家庭经济困难学生在公益参与中的交通费、餐费、服装费等进行一些补贴。这些费用对于公益参与来说通常是必不可少的,如果能够用赞助等方式解决这些基本的费用,对家庭经济困难学生参与公益服务无疑是一种鼓励。其次,应该给参与公益服务的家庭经济困难学生予以保险费方面的补贴。参与公益服务可能面临一定的风险,需要通过购置保险等方式进行风险转移,从而保障参与公益服务的家庭经济困难学生的权益。最后,公益服务常常需要一些物资方面的准备,这也需要有一定的经费支持，如果由家庭经济困难学生自身来支付，将增加他们的负担，从而影响家庭经济困难学生参与公益的热情。当然，以上这些经费并不能总是依靠外界主动提供，参与公益服务的家庭经济困难学生应该积极进行经费方面的募集。实际上，募集资金是公益服务的重要工作之一，也是锻炼家庭经济困难学生能力的有效途径之一。

三、平台建设

推动家庭经济困难学生参与公益服务需要有参与的平台，这些平台可以是学生自造的平台，也可以是学校搭建的，还可以通过对接社会上的公益平台提供参与机会。首先，学生自造的公益平台可以发挥学生的公益创意，并结合自身实际进行公益实践。学校在可能的情况下，应努力为学生自造公益平台提供条件。其次，学校搭建的公益平台是当前家庭经济困难学生公益参与的重要渠道，因为有学校在各方面所准备的条件和资源，可以避免在公益服务过程中遇到的各种困难和麻烦，有利于学生全身心地投入到志愿服务之中。此外，社会公益平台也可以为家庭经济困难学生参与公益服务提供方便。但社会现有的公益平台通常不是出于培养学生的目的，而是通过吸纳大学生参与解决服务中人力资源不足或其他方面的问题，有时候并不利于家庭经济困难学生的有效参与。因而，从整体而言，还是要从激发家庭经济困难学生的主体性和发挥学校主导性的角度，大力推进家庭经济困难学生公益参与的平台建设。

总之，推动家庭经济困难学生在学好功课的同时参与公益服务，从根本上说是为了家庭经济困难学生的发展成长。应该看到，当前越来越多的用人单位在招聘毕业生时都会对应聘对象提出公益志愿服务或社会实践方面的要求。因而，在大学期间参与公益服务是经济社会发展对受助学生提出的必然要求，也是促成受助学生全面发展的必然要求，助学工作者有必要站在战略高度来认识公益服务在高校助学育人中的功能定位。

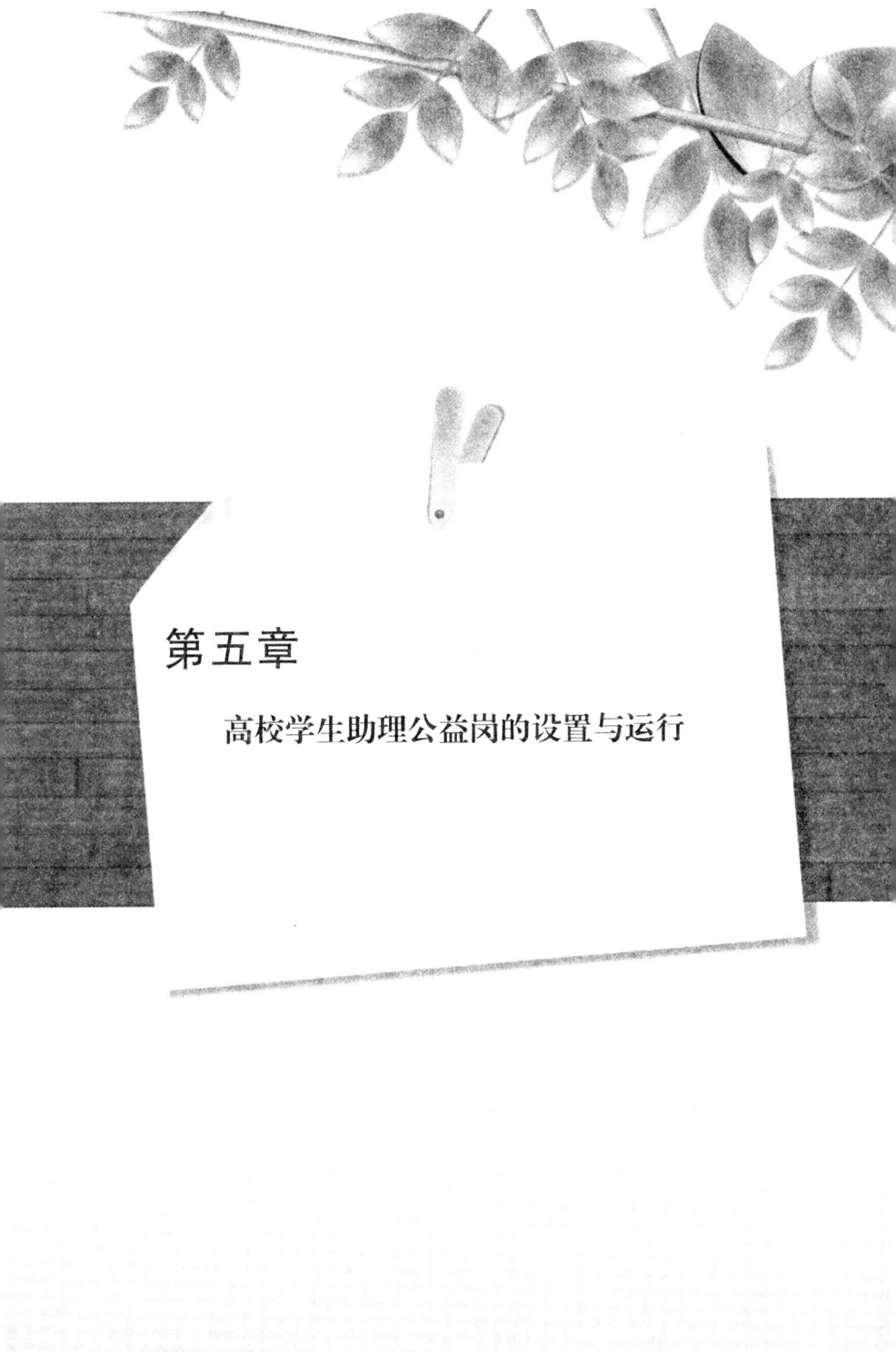

第五章

高校学生助理公益岗的设置与运行

第五章　高校学生助理公益岗的设置与运行

大学是学术共同体，也是师生的生活共同体和情感共同体。在日常教育、管理和服务中来，如果能够吸纳学生通过公益服务的形式自愿参与到学校的教育、管理和服务中，不仅有利于增强学生的主人翁责任感，而且也有助于学校各项事业的发展。

第一节　学生助理公益岗的界定

学生助理公益岗是学校为有意愿参与校内公益志愿服务的大学生专门设立的助教、助研和助管岗位，是高校开展公益志愿服务的有效形式之一，对提升学校思想教育的实效性以及促进学生成长成才都有着重要意义。

一、学生助理公益岗的内涵

学生助理公益岗是学生勤工助学岗位的特殊形式，只不过这种"助学"不是经济意义的，而是广义的"助"，是通过吸纳同学们参与学生助理公益岗的工作，在服务中提升学生能力、助力学生成长。勤工助学由来已久，也称为勤工俭学。我国最早的勤工活动出现在20世纪，早期的勤工俭学和爱国救国活动联系在一起。由于生活条件不断改善，一些家庭经济并不困难的学生也逐渐有意愿参与到学校的勤工助学工作中，但他们的目的并不是为了获取经济方面的报酬，而是希望得到学习和锻炼的机会。社会的发展，使得成长成才的内涵更为丰富，全面发展成为大学生的自觉追求，高校学生越来越注重理论与实践的有机结合,对公益志愿服务也有了更进一步的认识。为了给学生提供更便利地参与服务、锻炼的机会,许多学校在学生勤工助学岗位中特意增设了学生助理公益岗,让有意愿的学生义务在岗位上为学校、师生服务。因此,学生助理公益岗实际上是学校为有志于提升自己综合素质的学生提供的实践和参与机会。

二、设置学生助理公益岗的意义

学校开设学生助理公益岗对学生有多重意义,从教育的角度而言,有利于增强高校思想教育的实效性;从参与的角度而言,可以为大学生提供在身边参与公益服务的机会;从学生发展的角度而言,有利于大学生的职业准备。

(一) 有利于增强思想教育的实效性

按照教育部关于勤工助学的相关管理办法,组织开展勤工助学活动是学校学生工作的一项重要内容。学校要加强领导,认真组织,积极鼓励校内有关职能部门充分发挥作用,在工作安排、人员配备、资金落实、办公场地、活动场所及助学岗位设置等方面给予大力支持,为学生勤工助学活动提供指导、服务和保障。学生助理公益岗的设置和运行,需要校内各单位密切配合、相互支持,是高校全员育人的机制之一。学生参与学生助理公益岗的工作,亲身参与到学校的教育、管理和服务中,有利于提升大学生的服务意识,也能进一步感受到学校在教育、管理和服务中的理念。学校日常工作中或实际操作中存在的问题,参与学生助理公益岗的志愿者也能及时向老师们反馈,将提升学校工作促进学生发展的实效性。因而,参与学生助理公益岗不仅是在服务中受教育,也是在服务中长才干。学生助理公益岗的设立,建立起了学生与老师在服务中共同成长、在管理中互相促进、在互帮互助中共同受教育的第二课堂。

(二) 有利于拓展学生的公益参与

公益的内涵广泛,如何理解公益,如何在公益服务中践行社会主义核心价值观是当代大学生应思考的问题。大学生参加公益志愿活动不应局限于校外,更应立足于平时、立足于身边、立足于眼前。学校既是教育机构,也是社会的一个有机组成部分,同学们以学生助理的身份志愿参与到学校层面或院(系)层面的工作中,实际上也是实践的一种形式,也是参与公益志愿活动的一种途径。校内公益岗位贴近学生的生活,也与同学们的切身利益息息相关,参与校园公益是大学生更便利、更经济地参与公益服务的渠道。大学生在力所能及的范围内,协助老师做好大学的教育、管理和服务工作,与校外的社会实践和公益服务一样,都有利于培养学生的责任意识、团队精神和纪律观念。

(三) 有利于学生的职业准备

大学生职业准备包括了解就业信息、实现角色转变、提升自身素质、适应职业要求等内容。在校学生除了通过到校外企事业单位进行实习、兼职外,较少有机会接触实际的工作环境和工作内容。校外企事业单位的实习、兼职机会一般倾向于招聘高年级学生。校内学生助理公益岗的设置正好给予了学生动手实践的机会,让更多学生有机会参与到工作锻炼中来。校内岗位的类型多样,技术型岗位如学生记者、实验室助理、网络管理员等岗位有利于让学生发挥专长,利用专业知识为师生服务;服务型岗位如收发岗、咨询岗等有利于提高学生待人接物的能力;行政事务辅助型岗位如协助办公室内务、办公室资料整理等岗位则有助于学生养成细心和耐心的行为习惯,培养良好的工作态度。总之,学生在学有余力的前提下,参与工作岗位的锻炼,有利于提前帮助学生认知工作角色,了解工作流程,提高人际交往能力,并在实际的工作锻炼中提高服务意识、掌握工作技巧,为未来的职业发展奠定良好的基础。

第二节　学生助理公益岗的设置

学生助理公益岗的设置要坚持"立足校园、服务师生"的宗旨,按照"学有余力、自愿参与、信息公开、竞争上岗"的原则,在不影响学校正常的教学秩序和学生正常学习的前提下有组织地开展。学生助理公益岗的设置要有专门的机构做好管理工作,岗位的工作内容要适合大学生的实际能力,要设立岗位的服务标准并确定规范的工作流程。

第五章 高校学生助理公益岗的设置与运行

一、设立管理机构

学生助理公益岗需要专门的机构进行设立和管理，可由学校勤工助学管理机构进行统筹管理。为保证校内学生助理公益岗的顺利运行，需要制定相关的公益岗管理办法。为了促进学生助理公益岗的有序开展，保障学生合法权益，学校可参照校内勤工助学的管理规定制定相关的公益岗管理办法，对公益岗的内涵、开设范围、工作内容、管理流程、公益时数认证等进行界定。

二、岗位设置方法

高校可根据校内用人单位的实际情况统筹岗位开设，岗位的设置应考虑工作的实质、用工需求及单位的实际情况。首先，根据岗位工作内容设置实际可行的学生助理公益岗。一般而言，为师生提供服务的岗位比较适合作为学生助理公益岗，如工作咨询、秩序维护等。其次，根据学校勤工助学岗位的实际需求进行开设。比如可以规定校内勤工助学岗位总数的10%作为学生助理公益岗，参与这部分工作的学生助理不领取酬金。最后，整体协调下的灵活设置，即岗位的开设由用人单位根据本单位的实际情况进行设置并报学校勤工助学管理部门审批。按照"谁用工、谁负责"的原则，学生参加学生助理公益岗工作依法享有法律保护，任何用人单位或个人应当为学生的人身安全提供保障，不得损害或变相损害学生在劳动保护方面的合法权益。禁止学生参加高空作业、污染严重、放射性

大学生公益服务长效机制建设

强等易对人体造成伤害和威胁的工作以及其他不适合学生从事的工作。校内各勤工助学用人单位应有专人统筹和管理本单位学生助理公益岗，并注意在工作中培养和教育学生。同学们在学生助理公益岗的工作时间可由用人单位与学生进行协商后确定，参与公益岗服务的时间不得与正常的学习、生活相冲突。

三、规范开设流程

学生助理公益岗的开设流程包括用人单位开设岗位的申请、学生志愿者应聘申请等两方面的内容。一是岗位设置申请。学生助理公益岗的岗位设置应由学校勤工助学管理部门进行统筹管理，学生助理公益岗的开设单位设置岗位前应向学校勤工助学管理机构提出岗位申请，通过批复后开设学生助理公益岗。所有的学生助理公益岗招聘可由学校勤工助学管理部门通过公开的渠道进行招募。二是学生应聘申请。学生申请参加学生助理公益岗应在学有余力的情况下，其申请应通过所在院（系）进行审批，让院（系）辅导员老师了解学生参与校内学生助理公益岗的情况。学生通过院（系）审批后，将报名材料提交至用人单位，由用人单位组织面试，通过面试并进行公示后，将拟录用人员名单报学校勤工助学管理部门进行审批。

四、完善考核体系

为鼓励学生参与公益志愿活动，学校可设置学生公益志愿认证或公益服务申报的相关流程、办法，包括确定公益服务认证或公益服务申报的机构、确保公益认证或公益服务申报的真实性以及公益认证及公益服务申报的顺畅，公益服务时数认证及公益服务申报后的相关奖励配套措施。学生助理公益岗的活动是一种实践活动，为鼓励学生参与学生助理公益岗的工作，学生助理公益岗的公益时数认证或公益服务申报应纳入学校对于学生参加社会实践活动的认证体系，建立完善的公益岗认证及公益服务申报流程。做好公益岗认证和公益服务申报，需要相关单位之间相互配合，做好公益岗的日常管理，做好对学生助理公益岗的考勤。学生参与学生助理公益岗的服务时数除了由用人单位进行核算外，还需要接受学校勤工助学管理部门以及广大师生的监督，因此应建立公益服务情况的公示监督机制。

第三节　学生助理公益岗的运行

在设立学生助理公益岗之后，学生就要开始上岗开展服务工作了。而管理机构和公益岗的负责老师也意味要开始与志愿者一起开展日常的管理和服务工作，并在公益服务志愿者完成工作任务后对其进行工作考核。

一、上岗培训

参与学生助理公益岗的志愿者在上岗之前需要进行正规的培训，在熟悉工作业务的基础上方能提供合适的服务。培训一般分为通用培训和业务培训两大部分。其中，通用培训是让公益服务志愿者熟悉学校的整体运行，了解学生助理公益岗的基本要求,掌握待人接物的基本礼仪,开展服务的基本技能等。通用培训可以由学生助理公益岗的管理机构直接组织,实际上也是对学生的一种教育,在培训的师资和内容方面都要进行规划,才能取得良好的效果。业务培训则是针对志愿者所参与的工作所开展的培训工作,一般由所在服务单位的指导老师来负责开展。业务培训是针对具体服务工作的,要讲究实操性,所以培训的内容要具体,操作的流程要清晰,应该找有经验并且耐心、细致的老师作为志愿者的指导老师。当然,志愿者在日常工作中,在做中学,获得指导老师的指点也是培训的一种方式,而不一定需要用课堂讲解的方式开展业务培训。

二、日常管理

首先,是按照上岗时限进行管理。设置学生助理公益岗的用人单位需由专门的管理人员对学生进行日常管理,校内公益岗岗位按自然月计算公益时数。为确保学生正常的学习、生活,应该对公益岗月上岗时间累计时数作一定的限制,原则上应参考本校勤工助学管理规定对学生助理公益岗的工作时数进行限定。其次,要加强日常考勤。学生助理公益岗的日常考勤方式可参照普通勤工助学岗位的考勤方式,或根据公益岗的工作内容、工作性质由校内用人单位自行制定适合该岗位的考勤制度、管理办法。学生工作量的计算,原则上可以小时为计量单位。应公开公正地进行学生助理公益岗的日常考勤,做好岗位的工作记录。

三、绩效考评

绩效考评一方面是指工作"量"方面的记录,另一方面是"质"方面的评价。学生助理公益岗绩效考评可分为三个步骤:①服务时数申报。校内学生助理公益岗学生服务时数由用人单位负责填报,根据服务时间、完成的质量和遵守劳动纪律等方面的情况进行考核。用人单位应按要求填写学生的个人考勤表,并汇总填写本单位所有学生助理公益岗的统计表,按照以自然月进行考勤的原则,在规定时间内提交至学校学生助理公益岗的管理部门。②公示监督。学校学生助理公益岗管理部门对各用人单位填报的学生助理公益岗的服务时数进行公示,一方面是避免产生漏报、错报的情况发生,另一方面也是对参与公益服务学生的一种肯定和表扬。③开具证明。经公示并无异议后,按照学期或在学生离岗时,由用人单位为本单位学生助理公益岗的学生开具公益服务证明,并对其参与公益服务的情况进行评价。学校可把学生参加学生助理公益岗纳入社会实习、实践体系中,并按照本校相关的奖励管理规定进行表彰。

第六章

大学生公益服务组织的发展建设

第六章 大学生公益服务组织的发展建设

大学生公益服务组织是以大学生为主体并以提供公益服务为主要目标的组织。与改革开放的进程及经济社会的飞速发展相一致，我国大学生公益服务组织在21世纪初得到了蓬勃发展，在服务青年自身成长、服务社会发展建设等方面发挥了积极作用。

第一节 大学生公益服务组织的基本状况

我国大学生公益服务组织主要是立足大学校园，在学校相关部门的指导下开展力所能及的服务活动。大学生公益服务组织主要包括校办型、注册型及自组织等，政治导向、学生主体、进退自主是大学生公益服务组织在管理方面的主要特征，在一定程度上发挥了服务学习、支持网络和自我实现的功能。

一、大学生公益服务组织的类型

从属性和产生方式来看，大学生公益服务组织主要可分为校办型大学生公益服务组织、注册型大学生公益服务组织及大学生公益服务自组织等三种类型。

（一）校办型大学生公益服务组织

校办型大学生公益服务组织，顾名思义是具有学校的"官方"背景、以对接上级任务为主、以学校学生工作部门（如团委、学生工作部、研究生工作部等）为主导、学生志愿者参与的公益服务组织。这种类型的大学生公益服务组织由于

大学生公益服务长效机制建设

具备正式的"官方背景",因而具有较强的合法性,也能够得到国家的政策保障、学校的资金支持和老师们较为有力的指导。目前在全国高校广为流行的大学生青年志愿者团队,就是在共青团中央的领导下,依托各高校进行青年志愿者组织动员、教育培训、开展公益服务行动的有效载体。许多高校除了组建校级层面的青年志愿者组织外,还在院(系)建立起青年志愿者组织,使得青年志愿者组织成为大学校园规模最大的公益服务社团。此外,在共青团中央、教育部等部门的倡导下,如西部志愿者支教队等由各高校负责实施、服务西部教育发展的公益服务团队,在大学生中也有很大的影响力。

(二)注册型大学生公益服务组织

注册型大学生公益服务组织是通过在学校学生组织管理部门或政府民间组织管理部门注册,以此获得合法认可的大学生公益服务社团。注册型大学生公益服务组织,根据组织的服务目标和自身能力,可以在校内或在社会领域开展公益服务活动。如中山大学"有爱慈善商店",就是大学生出于公益服务的愿望,向学校申请以创业的形式来开展的公益活动,在学校提供场地等前期基础性支持下,以回收废旧物品的形式营利,将获利投入扶贫济困项目中,以此寻求公益服务的可持续发展之路。又如中山大学"蓝信封"团队,在经过多年公益服务实践的基础上,2012年11月成功注册为民办非企业单位,这为大学生公益服务团队真正走向社会提供公益服务提供了有益的探索。

（三）大学生公益服务自组织

在我国，"青年自组织"概念由上海共青团组织于2006年首先提出，是指通过自愿组成，为实现成员共同意愿，按照其章程（成文或不成文）开展活动，由青年自发成立、自主发展、自我运作的一种非正式的组织形式。青年自组织是社会组织发展的初级阶段，充分体现了青年的社会性、发展性，以及一个组织从无到有、从无序到有序的发展过程。[①] 无论是校办型大学生公益服务组织还是注册型大学生公益服务组织，它们的成立都需要具备一些较为完善的条件和正式的申报程序。严格的条件和要求，往往打消了一些大学生成立正式公益组织的意愿，他们就以"自组织"的形式开展活动。大学生公益服务自组织开展的是以服务社会为内容的公益活动，又能把兴趣爱好、专业知识与社会服务结合起来，在不出问题时学校对此也不太予以干预。所以，大学生公益服务自组织在高校是非常普遍的。

二、大学生公益服务组织的管理

高校对大学生公益服务组织的管理主要体现在政治方向的把握、活动内容的引导等方面，学生在公益服务组织中具有很强的自主性，大学生公益服务组织的成员在进入或退出团队方

[①] 参见闫加伟《草芥：社会的自组织形象与青年自组织工作》，生活·读书·新知三联书店2010年版，第3页。

面均有很大的自由度。

（一）政治导向

在大学生公益服务组织的管理方面，"政治正确"是前提。从学校管理者层面而言，安全和稳定是对大学生公益服务组织的基本要求。在我国现行的高校管理体制机制范围内，高校对学生负有方方面面的责任，高校管理者不希望学生发生任何问题，特别是政治方面的问题。但是，当前社会的开放度、信息透明度又是空前的，学生不可能只生活在学校范围内，他们有很多机会与校内外各方面人士接触。在这里，不可避免有不同政见的渗透，甚至宗教方面的活动往往也介入到大学生公益服务组织里。因此，学校在学生的公益服务组织管理方面，思想政治教育是常抓不懈的，往往也会为大学生公益服务组织配备指导老师，加强对公益服务参与者政治和业务方面的指导。

（二）学生主体

除了在政治方面提出较高要求外，在公益服务组织管理的其余方面，学生拥有很大的自主权。在机构设置上，从负责人、各部部长直至成员都是学生；组织的决策、项目的设计、活动的开展等，都由学生自己"说了算"；学生通常只有在需要学校审批的时候、需要学校资金支持的时候，才会去找学校相关部门。在这种情况下，指导老师就显得尤为重要。指导老师如果经常参与学生公益服务组织的活动，就会对组织具有较为深入的了解，能够提供有针对性的指导。当然，指导老师的作用只是相对的，大学生公益服务组织的负责人实际上扮演了更为重要的角色，负责人的素质如何将直接影响着这个组织的走向。因此，在学生为主体的大学生公益服务组织管理中，建立起民主决策和科学管理机制是非常重要的。

（三）进退自主

具体到大学生公益服务组织的成员，他们参与到组织中往往是出于个人的兴趣、爱好，或是受学长、朋友等的影响，组织对成员基本上只有"软约束"，他们进退自由，参与活动也是以自觉自愿为前提。在此背景下，如果公益服务组织能够开发出具有吸引力的服务项目，并且能够在参与中促成志愿者的成长，形成组织的凝聚力、提升组织的美誉度，则能增强成员对组织的认同，使其乐于参与公益服务。

三、大学生公益服务组织的功能

大学生公益服务组织为参与者提供了服务学习的机会，也为团队成员提供了很好的支持网络以及自我实现的机会。因而，大学生公益服务组织在功能方面，是集服务学习、支持网络和自我实现于一身的。

（一）服务学习

服务学习是一种以学生为中心、将社区服务与课堂教学结合起来的教育手段与学习方式，让学生在服务场景中运用知识,并从经验的反省中获得未来生活所需要的知识,进而提供进一步获取知识的动机,同时形成公民的责任意识。[①] 大学生公益服务组织在组织大学生开展公益服务学习方面具有一定的优越性:首先,加入公益服务组织的大学生绝大部分是出于自愿,他们本身对公益服务有热情,是一群志同道合的人组成的服务团队,具有共同的价值追求,为服务学习的开展提供了很好的前提;其次,大多数公益服务组织都会定期或不定期开展服务活动,为学生们的服务学习提供了很好的平台;最后,在公益服务组织里,成员来自不同年级、不同专业、不同家庭背景和不同地域等,这些差异性有利于成员之间的互相学习、取长补短,也有利于服务活动的开展。

(二) 支持网络

个人嵌入的关系网络对于所开展的活动的成败可能有极其重要的影响。事实证明,个人在自己周围所构建的网络的类型,会影响到个人的各个方面,包括健康状况、职业生涯的成功、个人的特定身份等。[②] 大学生来到高校,除了学习知识外,开拓视野、拓展人际交往也是其中不可或缺的内容。在大学时期结交的朋友,往往会对自己未来的事业发展产生很大的影响。大学生公益服务组织的非功利性特征,可以为大学生的

---

① 参见高文兴《服务学习让年轻人学会解决社会问题》,载《公益时报》2013年10月29日。
② 参见马汀·奇达夫、蔡文彬《社会网络与组织》,中国人民大学出版社2007年版,第2页。

第六章　大学生公益服务组织的发展建设

理想追求和人生志向的探索提供很好的机会。而在这种非功利的组织氛围中，成员之间的相互支持和帮助更为纯粹，有利于建构稳固的情感支持网络。

（三）自我实现

马斯洛的需要层次理论认为，人类有生理、安全、归属与爱、尊重、自我实现等方面的需求。作为成长中的大学生，在学习之余，他们还有大量的业余时间，如何在这些时间里有所作为，将在很大程度上影响其大学生活的丰富程度。通过公益服务组织参加一些力所能及的公益实践活动，尤其是在参与中把所学的专业知识用于帮助有需要的人，将提升大学生学习的效能感，进而激发他们的学习积极性和主动性。此外，公益服务组织如果能够开发出人人都能参与的"微公益"项目，让每一个成员都有机会提供服务、参与服务，并为组织的运作贡献自己的智慧和力量，也将在一定程度上满足组织成员自我实现的需求。

第二节　大学生公益服务组织的战略建构

面对国家发展的新形势及社会治理创新的新要求，大学生公益服务组织有必要结合经济社会的发展进行定位，结合时代需求进行战略建构，推进组织的专门化、专业化和社会化建设。

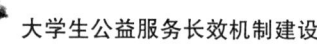

一、专门化战略

专门化战略要在三个方面进行定位,一是要确定组织专一的服务目标,二是要明确组织所要服务的特定目标人群,三是要在实践摸索中建立起较为固定的服务场域。

(一) 确定的服务目标

在公益服务日益发达的当代社会,如果一个组织没有确定自身的使命、目标和愿景,就很容易在碰到不确定的社会环境时迷失发展方向。大学生公益服务组织确实具有自身的潜在优势,但也不可否认地存在着资源不多、经验不足等方面的问题。一个组织不可能解决社会上所有的问题,所以对组织进行正确定位,明确组织的使命和任务,使得组织的发展具有较为明确的方向和目标,也将有利于凝聚组织成员的力量和智慧。

(二) 特定的服务人群

组织使命一旦确定,服务的目标人群也应随之纳入考虑范畴。通常而言,只要与组织的使命相一致,不管何种服务对象都是可以接受的。但是,鉴于大学生公益服务组织所具备的实力和能力,还是要有选择地去提供力所能及的服务。对于那些较为危险、需要较强专业技能、涉及的关系较为复杂的服务项目,大学生志愿者不一定能够完全胜任,还是由专业的社会服务机构承担较为妥当。因此,大学生公益服务组织在专业人士的指导下,选择与组织实力相匹配的特定服务目标人群,才能

第六章 大学生公益服务组织的发展建设

有效地开展公益服务活动。

（三）固定的服务场域

固定的服务场域，无论是对于大学生志愿者还是对于服务对象来说都非常重要。有了固定的场所，公益服务的开展就有了稳定的平台，这样就不至于每一次开展服务活动都要费时费力去选择场地。同样，这也可以让服务对象能够较为便利地得到所需的服务。如果不知道在哪里可以得到所需的服务，对服务对象而言，就只是潜在的资源，而不是现实的服务。因而，服务的"易得性"也是大学生公益服务所要考虑的问题，而固定的场域常常可以避免问题的产生。

二、专业化战略

专业化战略确定了组织的使命、服务对象以及服务场域，但这并没有解决如何服务的问题。因而，还需要推进公益服务的专业化建设战略。对于大学生公益服务组织来说，专业化战略可以从倡导成员将专业嵌入到服务中、学习专业的助人方法、掌握服务的专业伦理等方面入手。

（一）将专业嵌入到服务当中

大学生公益服务组织最大的优势之一是人力资源，因为组织中的每个大学生都有一定的专业技能。如果每个组织成员都能将在学校里学到的专业知识应用到公益服务中去，不仅能够从不同层面去帮助服务对象解决所面临的问题，而且能够通过

大学生公益服务长效机制建设

学以致用的方式促进大学生的专业学习。在这种共同解决问题的过程中,志愿者们还可以通过平等的沟通和交流,取长补短、互相学习,真正产生服务学习的效果。

(二) 学习专业的助人方法

社会工作、心理学、社会福利等专业知识,可以在公益服务中发挥重要作用。更进一步,诸如个案工作、团体工作及社区工作等专业服务方法,以及专业的实务技巧,对于开展公益服务具有很好的指导作用。尤为重要的是,通过学习专业的助人方法,能够使得公益服务真正达成助人自助的目标。实际上,无论是专业干预还是公益服务,最终都应以实现服务对象的自助、提升服务对象的能力为目标,促使服务对象自己去解决所面临的问题。

(三) 掌握助人的专业伦理

无论是社会伦理还是专业伦理都强调平等原则,但是专业伦理把当事人的利益摆在高于所有其他人的利益的位置上,优先予以考虑。也就是说,一般伦理原则是所有人都应当受到平等尊重。而专业伦理的原则是,所有人应当受到平等尊重,但优先权应当以当事人的利益为重。[1] 通常而言,西方社会工作伦理研究者都把保护生命放在最高优先位置,其次大多强调培

---

[1] 参见(美)拉尔夫·多戈夫等《社会工作伦理》,中国人民大学出版社2005年版,第20页。

第六章 大学生公益服务组织的发展建设

养人的独立能力和自主意识、尊重服务对象自我决定的重要性,然后依次强调平等、尊重服务对象隐私、保密、诚信等原则。他们还提出,个人福利的权利优先于法律、法规和组织的规定;防止伤害的义务及提升公共利益的义务优先于个人财产所有权的权利。① 这些专业伦理规范尽管植根于西方社会背景,但对于大学生公益服务有一定的启示和借鉴意义。

三、社会化战略

专门化和专业化战略主要是组织自身建设层面的问题,但一个组织最终是要通过服务社会才能获得认同,在服务他人中才能彰显自身价值。因而,大学生公益服务组织还需要有社会化的发展战略。实际上,服务社会的过程也是充实和发展组织的过程,服务社会的过程也是关系网络拓展、组织成员成长的过程。

(一) 面向社会需求

社会化战略首先要面向社会需求,因为社会的需求是组织存在的根本。如果一个组织只能满足内部成员的利益,最多只能是互益组织,与公益还存在一定的差距。面向社会需求,一是要顺应社会发展的需求,与时俱进地搞好组织建设,提供与时代要求相适应的公益产品,开发出与社会发展相契合的公益模式,而不能老是用单一而传统的方式提供服务;二是组织的

---

① 参见顾东辉《社会工作概论》,上海译文出版社2005年版,第55页。

发展建设要与目标群体的需求相契合，要在充分了解目标群体的基础上提供合适的产品和服务，并用现代专业方法为目标群体提供适当的服务和帮助。

（二）整合社会资源

社会化战略表明，大学生公益服务组织不能只限于在学校或熟人的圈子内来统筹资源，而是要把资源拓展的范围延伸到整个社会领域。在有条件的情况下，可以考虑参与政府的购买服务，向基金会申请项目经费，或向企业以及普通民众筹募资金，这些都是整合社会资源的方法。大学生公益服务组织主要在人力资源、专业力量等方面存在一定优势，但是，在物质、资金、人脉、经验等方面相对欠缺。如果能够通过一定的方式使组织与社会方面的资源联接起来，就能实现人力资源、专业力量与社会资源、社会需求的无缝对接，从而真正为有需要的人群提供服务。

（三）开展社区服务

立足社区有利于深入了解服务对象的需求，从而提供有深度的服务。大学生公益服务组织在开展社区服务时，初始阶段可以立足学校社区为校内师生提供服务，在取得一定经验的基础上慢慢向学校周边社区拓展。为学校周边社区提供服务，既有利于缩短服务输送的距离，减少在此过程中的时间成本，便于开展服务活动，也有利于建构和谐的学校及其周边地区的关系，为学校教育教学的开展创造良好的环境。当然，在条件具

第六章 大学生公益服务组织的发展建设

备的情况下，大学生公益服务组织还要积极向其他有需要的社区提供公益服务，以体现大学生热爱集体、奉献社会、实现自我的精神风貌。

第三节 大学生公益服务组织的行动方略

大学生公益服务组织在明确自身定位和完善战略建构的基础上，可以从打造非营利模式、人性化订制服务及大力倡导"微公益"等方面入手，采取相应的行动策略以实现组织使命，达成组织愿景。

一、打造非营利模式

与国家治理体系和治理能力现代化建设的目标相一致，大学生公益服务组织可以打造成具有非营利组织功能的社会服务组织。

（一）强调使命

非营利是从目标方面对组织进行的界定，强调组织的宗旨。根据组织的结构和运作方式，萨拉蒙等学者认为，非营利组织具有组织性、民间性、非营利性、自治性和志愿性等五个特征。非营利组织强调组织生存与发展的主要目的不是为了获取利润，而是追求一种社会价值或社会使命，指向的是组织运行的目标、宗旨等结果而非实际的营利性经营运行过程。① 非营利组织在社会运行中可以扮演先驱者、改革与倡导者、价值维护者、服务提供者和社会教育者的角色,并发挥与之相应的功能(见表6-1)。当然,就大学生公益服务组织来讲,如果要完全承担起非营利组织的角色并发挥这些功能,从目前来看条件并不成熟。但可以参照非营利组织的建设模式来开展工作,在此过程中强调自身使命,以凝聚更多资源和力量推动公益服务的发展。

表6-1 非营利组织的角色与功能②

角　色	功　　能
先驱者	非营利组织能敏感地体验社会的需求,以组织的多样化和弹性等特质,发展具有创新的构想,适时地传递给政府
改革与倡导者	非营利组织深入社会各层面,实际了解政府的偏失,运用舆论或游说等具体行动,促成社会变迁,并寻求政府改善或建立合乎需要的价值
价值维护者	以倡导、参与、改革的精神来改善社会,主动关怀少数族群及弱势群体

---

① 参见康晓强《公益组织与灾害治理》,商务印书馆2011年版,第31～32页。
② 参见彭小兵《公益慈善事业管理》,南京大学出版社2012年版,第5页。

续上表

角　色	功　　能
服务提供者	能发挥弥补的角色，经常选择政府未做、不想做或不愿意、不方便直接去做的，却符合大众所需要的服务来做
社会教育者	利用刊物、举办活动，通过媒体的宣传等方式，负起传递特定人群需求等信息责任，借此尝试提供新的观念，改革社会大众或决策者对社会的刻板印象或漠视的态度，并补充正规学校教育体系的不足

（二）形成共益

现代社会的公益活动，应当努力寻求一种全体公益参与者（包括服务提供者和接受者）共同受益的公益模式。这种共同受益的公益模式可以实现公益能力的双向传输，有利于公益活动的可持续发展。大学生公益服务组织在努力为有需要的个人或群体提供服务的同时，也要让公益服务的提供者自身得到收获、赢得发展。如果大学生公益服务组织所开展的活动，只有单向的受益方——无论是对于服务提供者还是服务接受者，都是不可持续的。尤其是参与大学生公益服务组织的大学生志愿者，他们都面临着推动自身发展的任务。从组织层面来说，应该积极推动志愿者本身的成长进步，这其实也是组织自身建设的重要一环，是提升公益服务能力的重要举措。

（三）关注成果

开展公益不能不计成本，要将传统慈善的无偿观念与现代公益的非营利观念正确区分，实现从无偿慈善向非营利公益的转变。支持非营利的公益观，意味着不以营利为目的，不追求利润，但是可以获得成本和劳动的回报，如发放服装、给予交通及工作津贴等。宣传、推广非营利的公益观念，可以突破人们关于公益服务动机争鸣的羁绊，夯实公益事业的物质基础，以此能够鼓励人们更多地从事公益服务，通过众多个体的小善的积累，最后达到整个社会大善的实现。① 大学生公益服务组织既要强调对公益价值的坚持，也要注重对公益服务理念的践行，更要注意为服务对象带来实实在在的成果。只有形成价值—行动—成果三位一体的公益模式，才能真正为服务对象和整个社会带来福祉。

二、人性化订制服务

人性化订制服务是指服务的人性化和个性化。通常而言，人性化与个性化是相互联系的，个性化的服务需要有人文的关怀，而人性化的服务也需要有个性化的考量。人性化订制服务可以从三个方面着手，即订制式公益服务、上门式公益服务及互动式公益服务。

---

① 参见陶倩《大学生志愿精神培养的理论思考》，载《高校德育创新与发展成果选编（上海大学卷）》，人民出版社2012年版，第26页。

第六章 大学生公益服务组织的发展建设

（一）订制式公益服务

如果一项公益服务是为特定的个人或群体量身打造的，可称之为订制式公益服务。订制式公益服务针对特定情况采取相应措施，是问题取向和需求导向的。订制式公益服务首先要充分了解服务对象的情况，然后针对服务对象的需求和问题循序渐进地开展工作。订制式公益服务对大学生公益服务组织提出了精细化服务的要求，对组织的管理水平及大学生志愿者提供专业服务的能力也是一个很大的挑战。

（二）上门式公益服务

上门式公益服务针对的是公益服务的"可达性"问题，如果一项服务无法成功送达有需要的人手中，要么是前期工作做得不够到位，要么就是服务流程有瑕疵。因而，正式实施公益服务项目之前就应该考虑服务送达问题。上门式公益服务应该至少包含三个方面的内容：一是服务信息要及时送达给目标群体；二是服务内容和服务项目可以直接推送到目标群体能够获取的地方；三是对服务的传送流程和传输结果进行跟踪。

（三）互动式公益服务

服务不能是一成不变或冰冷僵化的，大学生公益服务组织应努力提供有"温度"的服务。在开展公益服务的过程中，应引导志愿者与服务对象开展多方面的互动，根据服务对象的反应调整服务策略和服务内容。互动式公益服务也意味着，志愿者不能把自己摆在"强势"的位置,也要把服务对象作为值得尊重、有价值、有潜能的一方来看待。努力从服务对象的优势出发,要发自内心地向服务对象学习。这样,志愿者与服务对象之间的互助、互益就将形成,浓厚的公益氛围也将随之产生。

三、大力倡导"微公益"

"微公益"既指借助微博、微信等新媒体开展的公益活动,也指立足日常生活从微小的公益做起。"微公益"符合高校青年学生的实际情况,大学生公益服务组织可以充分利用自身优势,推行富有创意的"微公益"活动。

(一)借助新媒体

青年群体是使用新媒体的主体力量,他们对基于新兴技术的现代通讯具有天然的亲近感。现代新兴媒体通常具有传播的快捷性、私密性和发散性等特征。快捷性是不言而喻的,手机与互联网络的力量整合,使得使用者能够随时随地进行信息的处理和传播;新兴媒体的私密性体现在其信息在"圈子内"或"群内"的共享功能;新兴媒体的发散性使得信息从源头开始一旦发出,便具备了无限次重复转发的可能。因而,大学生公益服务组织如能较好地借助新媒体开展"微公益",不仅可以减少开展公益活动的成本,提高公益服务的效率,还能使公益理念在更大范围得以传播,获得更多人的支持。

(二) 吸纳新创意

大学生公益服务组织要善于利用青年人思想活跃的特征，征集大学生关于公益方面的创意，对于那些确实可行的创意还可以付诸实践。只要能够充分调动大学生的积极性，发挥大学生的主体性，大学生公益服务组织开展起活动来必将有声有色、丰富多彩。这就要求打造开放型的大学生公益服务组织，进行公益服务的协同创新。这种协同创新要把不同类型的学生联合起来，把老师和学生联系起来，把校内和校外资源整合起来，形成既能发挥各自优势又能齐心协力共同推进公益服务的整体性力量。

(三) 善做"小清新"

大学生公益服务组织要摒弃那种只愿做"大事"，不愿做小事的想法，要从善做"小清新"的公益服务开始，不断积累外界对组织的认同度。也通过不断把小事做成，磨合团队成员的协调能力，提升组织成员的信心。事实上，如果能够把小的公益服务做深、做实、做精致，就会变成大善事，而且大的公益服务也需要转化成许多小的环节、小的任务才能逐步完成。当然，做小事与做大事是辩证统一的，在公益服务中无论是小事还是大事，对于公益服务提供者来说都应该当作"大事"来做。

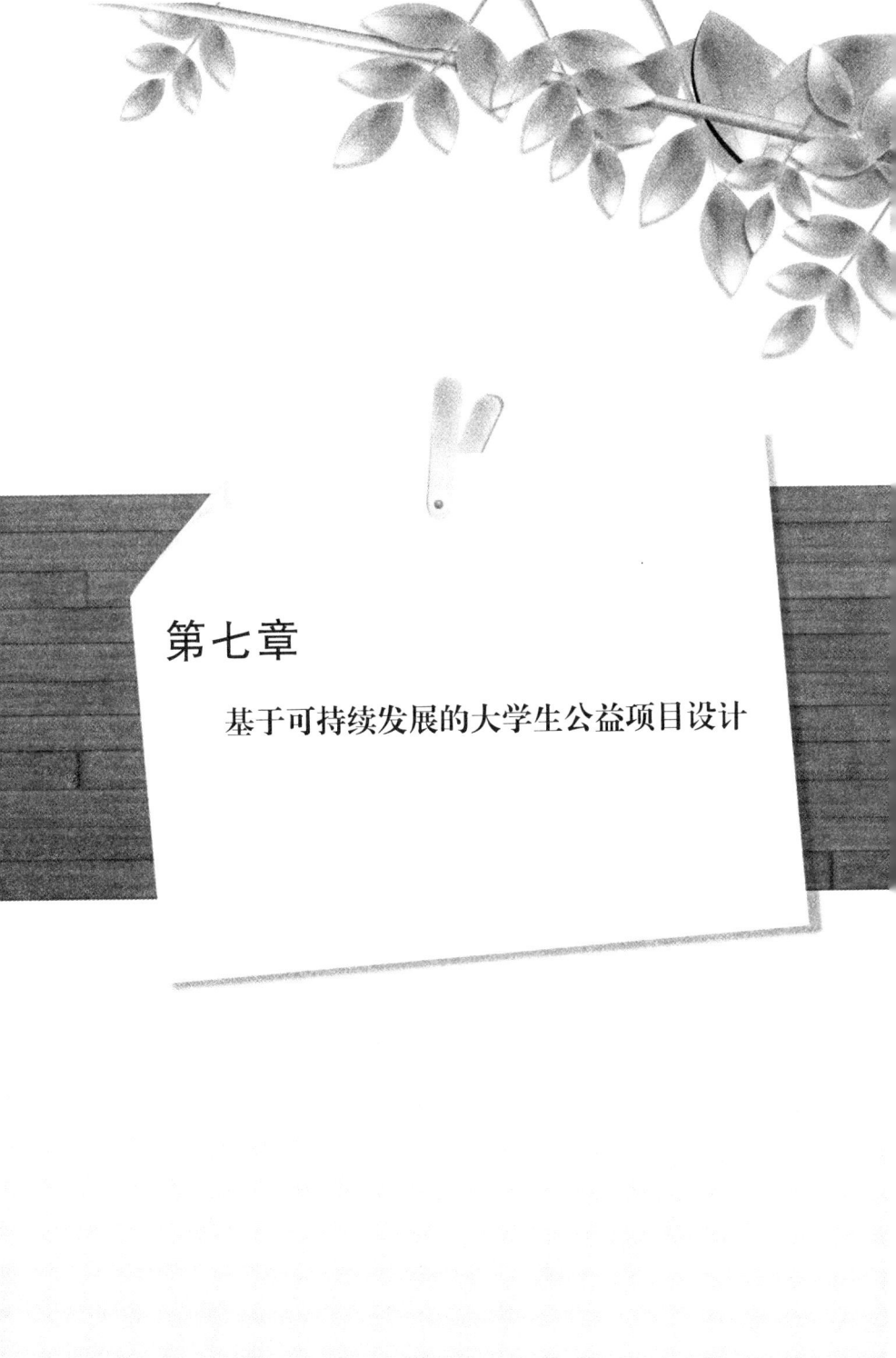

第七章

基于可持续发展的大学生公益项目设计

第七章 基于可持续发展的大学生公益项目设计

案例一 童盟[①]

一、项目背景

随着社会的快速发展,当代青少年儿童需要应对的生活问题越来越多,学校、家庭、社会把过多的压力加诸青少年儿童身上,造成他们在成长过程中出现了行为、情绪、学习或人际交往等方面的问题。儿童的人格尚未发展成熟,在心理上具有较强的可塑性,在儿童问题出现的早期应给予及时关注,使其获得更好地适应环境的能力,将有利于儿童的发展。

二、项目简介

项目内容:招募具有良好心理学背景的志愿者,通过与存在一定行为问题的青少年儿童的接触,提供心理辅导,辅助青少年儿童成长。

服务对象:经专业筛查后,面向存在一定行为问题的广州市海珠区瑞宝小学学生。

[①] "童盟"引自中山大学亚德客公益实践项目方案设计。团队成员为卢月仪、江叶诗、肖莉婷、黄宗慰。

三、项目流程及项目预算

"童盟"公益活动项目流程及预算见表7-1、表7-2。

表7-1 "童盟"公益活动项目流程

活动流程	时间（周次）	具 体 事 项
前期准备	活动前	由心理学专业人员通过专业量表筛查出在科学定义中存在问题行为的学生，收集学校教师意见，得到存在问题行为的学生名单
	活动前	从中山大学心理学系招募志愿者16人，要求志愿者关注儿童发展，与儿童的沟通能力较强，有耐心，有毅力
	1～4周	进行志愿者培训，请中山大学心理学系王雨吟博士为志愿者做专业培训，并派发培训手册
中期活动	第5周	由志愿者组织该校师生以班级为单位开展集体活动，向师生普及心理健康知识
	第6周	将两位志愿者和一位学生进行搭配，使志愿者与学生在安全的环境中进行第一次接触与熟悉
	7～8周	两位志愿者陪伴同一位学生，通过聊天、游戏等方式对学生进行心理辅导，并初步制订针对该生的辅导计划

续上表

活动流程	时间（周次）	具 体 事 项
中期活动	第9周	志愿者对每个同学的情况进行总结，请中山大学心理学系的王雨吟博士对志愿者进行督导和进一步培训，为每位学生制订针对性的辅助计划
	10～15周	两位志愿者陪伴一位学生，按照扶助计划对学生进行心理辅导
	第16周	志愿者最后一次陪伴学生，并与学生沟通辅导结束之后的相关事宜
后期总结	活动后1周	每位志愿者总结活动的情况，交流心得；由队员向学生本人以及学校老师了解该生在活动后的发展情况，并用专业的量表核查学生的发展状况
	活动后三个月	由队员再一次跟踪确认学生的发展情况（方法同上）

表7-2 "童盟"公益活动项目预算

项　　目	金额（元）	备　　注
培训手册印制	95	培训手册5元/本×19本
团队队员保险	480	中国人寿保险，30元/人×16人
团队成员通讯费	80	与志愿者联系，跟进项目情况与讨论活动实施，20元/人×4人

续上表

项　　目	金额（元）	备　　注
互动工具	500	用于增进受助者和志愿者的良好关系，同时发展学生在各方面的能力，尤其是智力。适合6岁以上儿童的益智书本，益智游戏如孔明锁、鲁班锁、七巧板、解环游戏、T字之谜等，其他增加学生人际互动能力的互动游戏，如各种棋类、叠叠乐等
小礼物	300	开展集体活动及单独辅导时所需礼物，如笔记本、书籍等
总计（元）		1455

四、项目效果预测

1．学会情绪调节

经过半年的陪伴，相比起接受辅导前，受助者能够认识到自身人格发展的情况，并有意识地改善和发展自己的人格，学会更好地调节情绪，变得更自信，等等。

2．改善人际关系

通过与志愿者接触，受助者将感受到来自志愿者的无条件的积极关注和人际支持，形成一种人际间的安全感，并可以迁移到身边的人际关系中，重新建立与环境的良性互动，相信自己和身边的人，并能与至少一个同伴建立良性的人际关系，在未来能更好地与人相处，融入环境。

3. 处理生活问题

受助者在与志愿者的相处中,学会应对困难问题的解决方法,学会不同方法的灵活应用以适应不同的情境。

五、可行性与可持续性

1. 项目可行性

首先,项目团队分工合理,互助共勉,关注青少年儿童的成长。其次,项目流程全面、清晰、可行。项目已与瑞宝小学建立合作关系,并进行良好沟通。得到专业人员——中山大学心理学系咨询与治疗方向王雨吟博士的支持与协助,对志愿者的培训、督导得到技术保障。招募的志愿者具有良好的心理学背景,懂得妥善处理与帮扶学生之间的关系,并通过与学生接触辅助学生成长。各方合作无缝衔接,使得本项目可以顺利执行。

2. 项目可持续性

心理学在我国的发展历史短,在人们生活中普及率低。我国群众历来对心理咨询存在不少误解,对心理健康的关注不足,求助途径少,即使存在心理问题也很少给予积极关注。而随着社会发展,心理问题将越来越困扰人们的生活。社会、学校、家庭给予青少年儿童的压力导致他们产生问题行为,却无法给予儿童所需的关注,使儿童的心理受到影响,为家庭、社会带来负担。

本项目旨在为青少年儿童提供心理辅导。随着入学、升学,接受服务的小学生和提供服务的志愿者不断更新,专业的支持不间断，项目团队每一年进行换届选举以保证团队高质运行，使得项目的运行可以持续下去。

六、突发事件防范

1. 出行

（1）如果遇上天气突变（如台风、雷雨等严重天气灾难），应及时与学校取得联系，通过协商对活动时间地点进行改动，确保志愿者出行安全。

（2）出行注意安全，结伴而行，相互照应，避免单独行动。如果发现志愿者走失，要及时报告组长，报告自己学校的相关负责人，同时集体开展寻找。如果长时间未能找到，应及时报警求助。

（3）如果在出行途中遇到盗窃、勒索或抢劫事件，首先保持镇定，机警应对，找机会报警，并向附近的人求救。

（4）身体较弱的同学如果发生晕车，可通过以下方法缓解：①坐在临窗通风靠前的位置上，并将眼睛闭起来，保持平静和平稳的呼吸；②在太阳穴涂些风油精或清凉油，或者用薄荷清新剂；③注视固定物体；④勿心理暗示；⑤吃晕车药或食品（生姜、橄榄和柠檬等）。

（5）注意防止中暑，最好的办法是加强劳动防护，白天出门一定要打伞、戴帽子，擦防晒霜；随时补充水分，宜多饮防暑降温饮品；防止过度劳累，保证充足的休息睡眠；出行随身携带药品"十滴水"、藿香正气水以及凉茶、清凉油等备用。

2. 沟通

（1）与校方保持良好沟通。在一些需要双方配合的情况下能够共同协商，如临时参加校内活动不能进行本活动或志愿者因为学业缘故不能参加某次志愿活动等，务必及时通知对方，并经由双方协商作出一致延期的决定。

（2）志愿者团队内部要保持良好沟通。发现有志愿者在活动过程中情绪波动较大时应该及时做好其心理疏导工作；如果志愿者之间出现矛盾，要视具体情况进行协商沟通，保证整个队伍有良好的精神面貌和战斗力。由于服务对象是小学生，心灵比较脆弱，在陪伴孩子的过程中要尽量避免发生冲突。

3. 志愿者管理

（1）如果志愿者人数不够，则改变宣传策略，让志愿者认识到在助人中自身的成长，招募志愿者。

（2）如果队员积极性不够，则项目开展后将严格按照团队纪律、原则控制活动，如有违纪、偷懒行为，将按管理制度处理。

案例二 跨世代[①]

一、项目背景

一方面，由于人口老龄化的趋势和独生子女的政策影响，独居老人的数量庞大，成为城市中一个不可忽视的群体。以中山大学南校区为例，中大南校区居住了大量的老年离退休教师，许多离退休老教师长期和子女分居，独居的生活使他们长期处于心理上较为孤独的状况。另一方面，目前在校的18～22岁大学生群体，大多数来自独生子女家庭，在和父母一代的关系处理中存在许多沟通问题，缺乏相互理解，对于传统文化的认同感较弱。

在目前各类型探访独居老人的公益活动中，存在以下问题：①公益形式单一，以普通探访为主；②老人和志愿者的接触交流不充分，以一次性的活动为主；③针对志愿者专项培训不足，参与积极性不高；④缺乏创新，效果不佳。

二、公益项目实施

"跨世代"公益活动包括人物志、素质拓展活动、探访活动和美味嘉年华，其涉及的人员及项目见图7-1。

[①] "跨世代"引自中山大学校园公益策划大赛方案设计。团队成员为宋颐珣、李嘉玮、王子翌、洪施强、梁莹爽、陈雪盈、张春晓、张益恺。

第七章 基于可持续发展的大学生公益项目设计

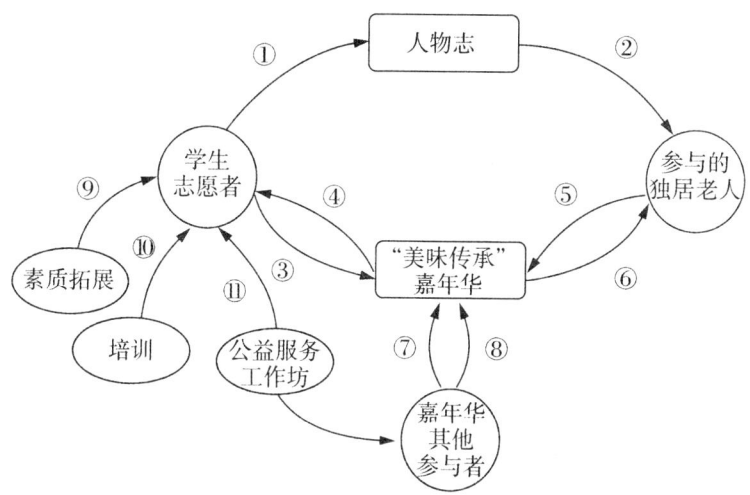

图 7-1 "跨世代"公益活动项目实施

1. 人物志

人物志的核心在于"为每个老人立传"。项目将让每组志愿者为服务的独居老教师编写 10 页左右的个人专刊人物志，内容包括老人的独特经历、心声以及和志愿者相处期间的经历。借助人物志的采访，使志愿者更好地了解老人的人生经历和情感故事，更好地倾听老人内心的想法；同时，从老人的经历中感悟时代变迁和人生智慧，让志愿者从老人的身上学习与传承美德和人生智慧。

2. 素质拓展活动

素质拓展活动是针对学生志愿者提供的提升服务，将在志愿者招募完成后正式开展，以团队定向越野和任务挑战为主要

形式。项目将围绕活动主题和老人经历进行设计，在素质拓展活动中提升团队合作能力。

3．探访活动

在完成团队组建和初步培训后，分队开展三次探访活动。第一次探访的主要目的是建立互信，志愿者和老人进行初步接触；第二次探访的目的在于学习家常菜的制作，并了解家常菜背后的故事，挖掘故事来源；第三次探访的主要是为了解老人的独特经历和故事。每次探访都将有专人跟队记录和指导。

4．美味嘉年华

嘉年华活动将由学生志愿者和老人共同完成一道美味家常菜，随后每组志愿者介绍制作过程及蕴含在菜中的故事，并展示人物志。最后进行现场品评，将评出"最佳美味"、"最佳合作"和"最佳人物志"等奖项。

三、项目进程

1．完成策划及联络工作

（1）外联。联系公益基金会，洽谈赞助，对嘉年华活动的场地进行落实。

（2）联系研习会嘉宾，包括校内老师及社区服务人士。

（3）印刷宣传品，主要有活动过程宣传册和人物志材料印刷。

（4）宣传品制作及志愿者招募。制作嘉年华等活动宣传用品，在校内开展志愿者招募。

（5）联系独居老人家庭，即中山大学南校区及其附近家

第七章　基于可持续发展的大学生公益项目设计

庭，以离退休教师为主。

2．招募志愿者及开展素质拓展

（1）完成面试招募，选拔30～40个志愿者。

（2）组织第一次培训。采用见面会的形式，介绍活动理念和帮扶老人的情况，并为每两个组配一名导师（项目组成员）和跟进志愿者。

（3）团队建设为主题的素质拓展，包括团队凝聚力训练、城市历史连接等环节。

3．探访老人和嘉年华准备阶段

（1）组织第二次培训。内容包括沟通技巧、老龄化和老年服务等方面知识。

（2）组织第一次探访。志愿者第一次和老人见面，开展沟通，以建立信任为目标。

（3）组织第二次探访。志愿者第二次探访活动，向老人了解菜肴制作，确认参赛菜肴。

（4）组织第三次培训。以编辑和技术培训为主，帮助志愿者制作嘉年华当天的展示方案和人物志编辑方案。

（5）志愿者第三次探访。了解老人独特人生经历。

（6）进行宣传活动。展开校园宣传，开展嘉年华参与者报名活动，邀请个别社区人士和义工组织参与。

4．完成人物志编辑和嘉年华活动

（1）人物志。志愿者制作人物志，导师对其进行指导。

（2）嘉年华活动。志愿者在老人的指导下现场做一道拿手菜，并与大家分享美味背后的故事。

(3) 进行活动全程回顾,由宣传组制作。

(4) 现场参与者投票并评奖,向老人赠送人物志,完善后续活动流程。

5. 总结阶段

(1) 财务。完成经费报销和财务记录。

(2) 记录。将所有活动记录存档,进行本季的总结刊物编写。

(3) 调研。了解志愿者和老人的活动反馈。

(4) 持续跟进。了解活动后半年内志愿者和老人的联系情况。

四、项目预期效果

1. 参与人数

①招募40名以上的大学生作为志愿者;②至少帮助10户以上的独居老人家庭;③嘉年华当天吸引超过100名的活动参与者;④组织三次以上专题培训及独居老人探访。

2. 活动影响

(1) 对志愿者的影响。

第一,提升能力,包括沟通能力、策划编辑能力和团队合作能力等。

第二,拓展知识,包括对社会变化及历史的了解、对代际沟通和老龄化问题的思考以及对老年人群体服务问题的思考等。

第三,加深认识,包括增进对家庭的认同感、对传统的归属感以及对公益生活方式的认同感等。

第七章　基于可持续发展的大学生公益项目设计

（2）对离退休教师的影响。

第一，生活上的帮助。在家务、清洁和修理方面为老人提供实质性的帮助。

第二，心理上的慰藉。通过增加沟通，排除孤独感；老人传授人生智慧，重塑心理认同感；代际交流，收获年轻的心态。

第三，社交上的扩展。在嘉年华结识情况类似的老人，发展新伙伴。

（3）对嘉年华参与者的影响。

第一，扩展知识，了解社会，对老年问题有更多的认识。

第二，加深感知，增加对家庭和传统的认同感。

第三，扩大社交，在嘉年华结识更多朋友。

五、项目经费预算

"跨世代"公益活动项目预算见表7-3。

表7-3　"跨世代"公益活动项目预算

项　目	数量	单价（元）	金额（元）
场地费用（场地租赁等）	餐厅租赁（争取学校支持）	1	0	0

续上表

项　目		数量	单价（元）	金额（元）
物料费用（宣传材料印刷、搭建等）	海报印刷	4	4	16
	横幅印刷	1	54	54
	传单	1000	0.1	100
	人物志印刷	40	15	600
	帐篷	1	20	20
人员成本（交通费、餐饮费、通讯费等）	餐饮费（菜肴制作成本）			500
合计（元）				1290

案例三　关艾有爱[①]

一、活动背景

艾滋病患者群体作为弱势群体，无法在社会中得到平等公正的对待。在医院积极治疗的他们尽管满怀着对生活的热爱、对社会的热爱，却只能得到很少的回应，这给他们带来了很大

[①] "关艾有爱"引自中山大学亚德客公益实践项目方案设计。活动团队为红丝带协会，成员包括田萌、任孟、王宇珊、熊皓囡、周晓宇、卢艳萍、杨力、罗晓莹、石越、易维标、周倩、刘伟龙、谢树怡、邓丽萍、杨尚明、张必胜。

第七章 基于可持续发展的大学生公益项目设计

的心理压力,这样的社会状况对他们的治疗与恢复都是很不利的。在艾滋病传播形势严峻的今天,艾滋病患遗孤也就成为一个深受其害的群体。他们失去了父母亲人的呵护,有时还不得不忍受他人异样的目光。他们缺少的不只是亲人的关爱,还有这个社会对他们的平等与正视。在成长的路上,他们看不到明媚的阳光。作为当代的大学生,我们有责任和义务搭建起社会和艾滋病人及其遗孤沟通的桥梁,唤起社会对艾滋病的关注,带给艾滋病家庭更多的关爱。

广州市第八人民医院是华南地区历史悠久、规模较大的一家收治流行性传染病为主的医疗教学单位。"传染病的医治,是及时挽救治好一个就可以免除发生更多的病人",秉持着这样的医学理念,该院一直致力于传染病的治疗,包括艾滋病。

二、活动目的

第一,通过活动,我们希望向艾滋病患者送去温暖和关怀,让他们感受到社会对他们的关爱与祝福,保持积极乐观的态度面对生活。

第二,通过爱心资助和暑期夏令营,搭建起社会和艾滋病患遗孤沟通的桥梁,带给他们更多关爱。让处在社会弱势地位的他们,感受到社会对他们的关注,能够以积极、乐观的态度面对人生。

第三,通过活动提升大学生的社会责任感,增强大学生的服务理念与公益意识,号召更多大学生关注艾滋病感染者和艾滋病患遗孤等弱势群体。同时,锻炼自身的沟通能力与团队合作能力。

三、活动内容

1. 爱孤系列活动

(1) 爱心资助。

活动时间：2013年4月8日至4月21日。

活动流程见表7-4。

表7-4 爱心资助活动流程

项目进程	时间节点	详细内容
前期联系准备	4月8日~4月15日	①联系相关基金会负责人，获得受捐助的小朋友名单及其联系方式与需要捐助的物资清单 ②在市区及校园内设立募捐地点
	4月10日~4月12日	根据物资清单规划爱心包裹
	4月10日~4月15日	①成员招募 ②志愿者招募与培训 ③确定成员的分组情况，并做好募捐活动前与志愿者的沟通工作
中期募捐工作	4月16日~4月19日	成员到指定地点集中，由负责人进行人数清点工作
		成员到达活动现场，准备好受助资料，开始进行募捐，负责人帮助维持现场秩序

第七章　基于可持续发展的大学生公益项目设计

续上表

项目进程	时间节点	详细内容
中期募捐工作	4月16日～4月19日	①回校，进行清点工作 ②清点所筹集的款项并妥当保管 ③整理出捐助人清单（姓名和联系方式）
后期工作安排	4月19日～4月21日	"爱心包裹"的采买
		通过书信或者网络等方式促进受助人和捐助人之间的沟通

（2）暑期校园行。

活动时间：2013年7月20日～8月25日。

活动地点：中山大学南校区。

活动流程见表7-5，风险预案见表7-6。

表7-5　暑期校园行活动流程

项目进程	时间	详细内容
前期准备	暂定	①成员培训 ②确定南校区路线 ③其他：预定用餐、车辆等
活动当日工作	8：00～9：00	①迎接艾滋病遗孤 ②根据人数进行分组
	9：00～11：00	①按已定路线参观南校区 ②成员对途经的地点进行介绍，可采取小故事以及有奖提问等方式展开

续上表

项目进程	时间	详细内容
活动当日工作	11：00～12：00	①带领孩子们到草地阴凉区稍作休息 ②其间可进行简单有趣的小游戏 ③孩子们可以对自己在参观过程中存在的疑问向成员提问
	12：00后	①用餐 ②返程

表7-6 暑期校园行风险预案

风险	预案
小朋友对活动内容不感兴趣或很累，导致秩序混乱	提前准备一些问题、故事和礼品，调动小朋友的兴趣。当小朋友们很累的时候，组织队伍原地稍微休息，然后鼓励小朋友马上就可以休息吃饭了
小朋友想上厕所	跟学校相关部门事先联系好，开放教学区、公厕
小朋友突发急病或中暑	事先准备几种常用药品，在志愿者培训会时，也将进行一些急救措施的培训
天气过热或下雨，不适合进行室外活动	与南校区公共教学楼或食堂联系，在室内做游戏或聊天
小朋友之间对礼物派送不满意	由小朋友自行选择或由负责人进行协调，事前准备的同一礼物买不同款式
对分组结果不满意	尊重小朋友的意愿
当天志愿者临时有事缺席	适当增加每组小朋友人数，或减少参观内容、分批参观

续上表

风 险	预 案
小朋友提出志愿者不了解的问题	事前应当询问熟悉南校区的志愿者和南校区学生、工作人员，志愿者应当照顾到小朋友们的想法，以更加易懂有趣的方式与他们交流，并积极鼓励小朋友们提出问题
小朋友走失	在活动开始前叮嘱小朋友们不要随意离开志愿者，志愿者在参观途中应当注意小朋友的去向以及位置
小朋友比较拘谨	志愿者应该多与小朋友交流，耐心倾听他们的想法，保持微笑，建立一个更加和谐的关系，让小朋友们感觉更加自然

2．"爱满八院"系列活动

活动时间：2013年4月27日～6月2日。

活动地点：广州市第八人民医院。

活动流程见表7-7，风险预案见表7-8。

表7-7　"爱满八院"活动流程

项目进程	详　细　内　容
前期准备	①联系医院。与医院主要负责人进行联系，并获得同意进入八院进行活动 ②成员培训。邀请参加过活动的志愿者以及相关负责人对活动进行基本的讲解，并提醒成员与病人们沟通交流时的相关注意事项

续上表

项目进程	详 细 内 容
小小心意果	志愿者每周末前往八院探望时带上水果,到达病房后将水果分送给病人
聆听你的分享	八院探望活动的主要环节,即志愿者与患者面对面的双向互动
你的生日我记得	由经常前去探访的会员和病人们进行沟通,在聊天过程中询问他们的生日、心愿等(必须在他们同意的情况下进行),并将病人的基本信息,包括姓名、生日、心愿等,由协会整理出汇总表格,派负责人组织志愿者在病人生日的当天送去祝福和小礼品
温暖一家	在特定的节日,在征得院方许可的条件下,组织义演,如请志愿者唱一首歌、跳舞、表演短剧或是赠送小的手工礼物等。可以和医院商量,选定一天,和病人们一同外出聚餐、踏青

注:一切以商量许可为前提,为病人提供最真诚的服务。

表7-8 "爱满八院"风险预案

风 险	预 案
报名参与的同学很多,无法兼顾到每个同学都参与去八院探望	将志愿者进行分组,除了探望组外,另安排心愿组和生日组等,负责心愿的具体实施
参与人数很少,志愿者人数不足	加大宣传力度,扩大影响力,动员协会内部人员积极参与

第七章 基于可持续发展的大学生公益项目设计

续上表

风　　险	预　　案
美食会中的食物不合病人的胃口或不适合他们吃	提前了解病人的饮食爱好并向医院的医护人员询问病人们的食物禁忌等
分享会时，病人们不能很好地融入，不爱说话或不愿与志愿者交谈	志愿者要有耐心，始终保持亲和的态度，并主动分享自己的趣事，尽可能拉近彼此的距离，尽可能让病人打开话匣子，分享他们的故事。如果病人实在不愿意，切不可勉强
在他们生日的当天，因志愿者没有时间，无法安排探望活动	以邮递的方式送贺卡和生日礼品，或提前送出生日的祝福
实现心愿时，发现有些心愿实现起来难度较大或无法帮其实现	在选择要帮助实现的心愿时，首先考虑其可行性。当病人提出的心愿不易实现时，注意与他们沟通，尽可能地实现他们的心愿

四、项目可行性

第一，近年来人们对艾滋病的了解更加深入，社会对艾滋病的关注也越来越高，这为我们开展爱心募捐和南校行活动提供了良好的社会基础。

第二，中山大学学生普遍热心公益，具有较高的社会责任感和使命感，为我们开展活动提供了良好的群众基础。

第三，"八院关艾"一直以来都是红丝带协会的品牌活动，红丝带协会在宣传艾滋病相关知识方面有一定经验，并且与广州市第八人民医院的艾滋病患者及医生联系紧密。这一点有利于活动的持续开展。

第四，红丝带协会举办的暑期校园行活动已成功开展多次，参加本次活动的志愿者与负责人有丰富的经验，且与合作方有良好的合作关系，有利于活动持续开展。

案例四　柑之如饴①

一、项目简介

广东省江门市新会地区以陈皮驰名，剥皮后的柑肉被大量弃置，造成极大的资源浪费和环境污染。针对这一问题，"柑之如饴"项目组积极联系社会各方资源，确定以柑肉浓缩汁为主要处理方向，对新会地区的果农、处理商等各方展开调研。同时，队员们还联系了华南农业大学、中山大学生命科学学院、广州市农业科学研究院等高校科研及专业科研力量，为柑肉处理寻找技术新突破。

此外，项目组还与新会葵乡酒厂达成合作，推广以柑肉为原料的柑白兰地，在变废为宝的过程中，创造商业价值并推广

---

① "柑之如饴"引自中山大学校园公益策划大赛方案设计。团队成员为岑佩贤、苏晓恺、杜雅静、王晓航、罗云飞、黄嘉成、程昊、杜晓颖、谢凯南、汤越、巫浩宇、彭思远、秦乐、钟雯。

第七章 基于可持续发展的大学生公益项目设计

新会柑文化。针对酒厂规模小、缺乏营销的现状，项目组计划以"先扩大市场，后扩大生产"的方式，借助多样化营销手段开拓柑白兰地市场。目前，项目组计划依托酒厂已有经销网络，结合项目本身公益属性，展开经销拓展活动，并已经与珠海、广州等几家经销商达成合作或初步合作协议。

二、项目背景

1．过剩柑肉的形成

广东每年大量种植柑橘，以新会、四会栽培最多，特别是江门市新会地区每年种植大量的新会柑，取其皮制作驰名中外的新会陈皮。剥皮后柑肉除少量食用外，大多被弃置，造成极大的浪费和环境污染。

2．柑肉加工现状

虽然新会柑肉深加工这一行业还处于起步阶段，但可喜的是，依然有部分尝试取得了显著的成绩。作为目前较为可行并有一定效果的处理途径，三江镇葵乡酒厂生产的柑白兰地和陈皮酒就受到了市场的青睐。新会柑肉的利用引来了越来越多的高校、企业、新闻媒体和政府部门的关注，这又增强了投资者对行业前景的信心。

3．解决问题途径

项目组目前掌握着两种处理方案：其一为葵乡酒厂柑白兰地，其二为广州市冰壶碟餐饮管理有限公司浓缩汁项目。

三、服务对象

1. 直接对象：新会柑果肉以及当地的环境

本项目致力于解决江门新会大量新会柑果肉被浪费这一社会问题，希望找到合理、高效的方式处理当地每年被弃置的柑肉，减少资源浪费的同时为当地创造经济价值；与此同时，也可以有效地解决当地环境受到污染、土壤酸化等问题。

2. 间接对象：新会当地果农、广州冰壶碟餐饮管理有限公司、新会葵乡酒厂

项目组根据柑橘浓缩汁预想，积极与果农开展互动，普及柑橘皮肉分离、果肉筛选及储藏等基本技术及应用技巧，一方面增加当地果农收入，另一方面增加冰壶碟餐饮管理有限公司的收入和知名度。

在积极开展新方向工作的基础上，项目组对于柑白兰地的销售拓展工作也在有条不紊地进行中。项目组将继续把参加展销会与拓展经销商两个目标作为工作重点，将产品更好地推向市场，从而为酒厂增收。

四、项目方案及流程

"柑之如饴"公益活动的工作计划见表7-9。

第七章 基于可持续发展的大学生公益项目设计

表7-9 "柑之如饴"公益活动工作计划

具体活动	第一周	第二周	第三周	第四周	第五周	第六周
拜访农科院探讨柑肉新型处理方法,与果汁浓缩厂制定合作方案	■					
联合柑农形成合作社		■	■			
推广家庭柑肉处理技术				■		
与家乐福、沃尔玛等大型企业洽谈公益项目合作					■	
阶段性工作总结						■

1. 拜访农科院探讨柑肉新型处理方法

时间:2013年7月第一周。

地点:广州市农业科学研究院。

内容:约见专业教师,请教柑肉处理的相关专业知识,并关注是否出现新型的处理技术,了解柑肉处理的前沿信息。并期望能在此访谈中获取相关资源方的联络方式,有助于项目组接下来的工作进程。

2. 与果汁浓缩厂制定合作方案

时间:2013年7月第一周。

地点:广州冰壶碟餐饮管理有限公司。

内容:与负责人进一步洽谈柑肉回收的合作事宜,针对柑农联合、果肉处理培训、设备购置与回收人员安排等细节进行讨论，制定出详细及可行的回收流程方案，为2013年10月份即将进行的柑肉回收、处理打下基础。

3. 联合柑农形成合作社

时间：2013年7月第二、三周。

地点：广东新会。

内容：走访新会当地的柑农，与果农们洽谈回收工作，讨论当季柑肉回收数量、价格等事宜，并签订今年的柑肉回收合同，旨在形成具有规模化的柑肉回收合作社。以合作社为据点，协商柑肉回收处理设备的购买事宜，并定期安排专人针对柑农开展柑肉回收技术培训，收集柑农反馈意见，及时对培训课程内容作出调整，利用7月完成第一期培训，为本年度的柑肉回收工作做好准备。与相关部门合作，建立简易的柑肉回收点，减少随意丢弃现象。

4. 推广家庭柑肉处理技术

时间：2013年7月第四周。

地点：广东新会。

内容：针对新会柑农家庭，传授并推广如柑饼制作、柑肉腌制泡茶、普通柑酒酿制等简易化的柑肉处理技术，动员本地柑农从自身出发，积极解决柑肉过剩问题，进一步提升柑农自身对资源再利用的重视。

5. 与企业洽谈公益项目合作

时间：2013年7月第五周。

地点：广州、珠海等地。

内容：联系家乐福、沃尔玛等大型经销商，洽谈公益项目合作，利用大型企业受众面广、影响力大的特点，吸引他们的注意力并借助他们的力量，针对千邑柑白兰地这一产品进行公益推广，面向社会，让更多生活在新会以外的人们关注到柑肉过剩这一社会问题，并为此献出自己的一份力量。

五、可行性分析

1. 经济可行性

（1）资源。新会每年产生数以吨计的柑肉，企业为柑肉回收提供资金和技术支持，项目组组织果农和陈皮厂进行柑肉回收，保证10～11月过剩柑肉的资源得到合理配置。

（2）收入。企业收购柑肉使果农获得额外收入；项目组配合企业进行产品营销，在使柑肉深加工产品得到推广的同时让企业获益。

2. 技术可行性

（1）原料回收技术。酒厂和浓缩汁厂都掌握一定的柑肉回收技术；高校、农科院等机构提供技术支持；项目组向果农和陈皮厂传授柑肉回收的知识。

（2）柑肉深加工技术。三江葵乡酒厂通过自主研发，以新会过剩柑肉为原料，经过发酵、蒸馏、橡木桶储存等流程，调配成柑白兰地，厂主拥有近30年的生产经验，酒厂中现有的专业榨汁机可以分离出完整的果核，而酒渣可以烘干做成饲料。另外，新会柑白兰地拥有20年发明专利，其后可以续期；广州市冰壶碟餐饮管理有限公司也掌握可靠的饮品制造技术，并能够对其合作伙伴提供技术培训。

3. 组织可行性

（1）三江葵乡酒厂建立于1996年，厂房面积达5000多平方米，拥有现代化酿酒设备和专业酿酒技术人员队伍，企业的架构和管理工作简单，能够适应扩大规模后的生产和管理。

（2）广州市冰壶碟餐饮管理有限公司是专业的奶茶原料生产商、区域经营支援中心（广州市）、调制饮品技术供应商和调制饮品运营服务商，也是许多饮料企业的技术后勤。

（3）项目组由中山大学的优秀学子组成，所学专业以经管类为主，能够为柑肉深加工产品的销售和推广提供支持。团队成员具有丰富的承办公益活动的经验，能够有效地联系各种利益相关方，并通过多种途径对项目进行宣传，扩大其影响力。

"柑之如饴"公益活动的效果预测见表7-10，项目预算见表7-11，活动突发事件及防范措施见表7-12。

表7-10 "柑之如饴"公益活动效果预测

经济效果	新会	创造商业价值，促进新会当地的就业
	酒厂	增加由于生产柑白兰地带来的经济利润
	果农	解决了处理过剩柑肉的困难，出售50%以上的柑肉，增加经济收入
	浓缩汁工厂	回收和处理50%以上的新会剩余柑肉，增加经济收入
	其他	产业链上的部分利益相关方由于处理50%的剩余柑肉而赢得的利润或收入

第七章　基于可持续发展的大学生公益项目设计

续上表

资源环境效果	资源合理配置，解决新会地区部分地方由于果肉丢弃引起的环境污染问题
社会效果	①吸引媒体报道，引起各界人士特别是新会地区民众对新会柑肉回收利用的关注 ②变废为宝，经济、资源、环境和谐发展的观念得以传播；激发人们变废为宝的环保意识 ③引起其他同样存在果肉丢弃问题的地区对果肉处理的关注以及为其提供一种合理可行的处理方法

表7-11　"柑之如饴"公益活动项目预算

预算科目	数　　量	单价（元）	总额（元）
交通费	约10人次（视费用而定）	90	900
		20	200
		16	160
物资费	待定（视费用而定）	待定	500
保险费	约20人次	10	200
应急资金	300		
总额（元）	2260		

表7-12 "柑之如饴"公益活动突发事件及防范措施

	突 发 事 件	防 范 措 施
环境问题	室外推广、宣传等活动当天,遇到大风、下雨等恶劣天气情况	①举办室外活动前查看天气预报,择日出行 ②备好雨具和宣传品保存方案,提前在附近联系帐篷租借以应对小雨情况
组织问题	活动现场秩序混乱,无法进行	①活动举办前提前通过网络、电话采访等途径了解当地情况,提前做好调研 ②每次活动制定详细的活动策划、执行方案,召开执行会议,并配有一套可行的预备方案 ③活动当天分工明确,如遇意外活动受阻,及时启用预备方案
人员问题	活动中项目组人员身体状况欠佳	①出行前强调安全问题,提醒安全注意事项 ②活动出行中随身携带部分医疗用品,如晕车药、外伤药品、消炎药等,以应对安全突发状况
物资问题	运输或营销现场出现柑酒受损、其他物资损坏	①在酒厂的协助下提前联系好运输事宜和安全措施 ②活动当天物资分配到人,做好物资保存工作 ③相关必要且可替代物资准备好替代品

第七章 基于可持续发展的大学生公益项目设计

续上表

	突发事件	防范措施
联系问题	当地群众：宣传剩余果肉的危害，当地群众表示不了解情况，或嫌麻烦	①简明陈列剩余果肉弃置所带来的环境污染及破坏 ②在宣传危害的同时提供数种简单的处理方式
	果农：传授回收和小家庭柑肉处理技术时，遇到柑农拒绝配合或表示难以短时间改变之前的处理方式、柑农拒绝参与合作社	①交谈时应注意礼仪，同时应将技术可能带来的利弊简单明了地分析给对方 ②在宣传时应印刷一些简易的小册子，用插图配以文字的方式解释这些技术的步骤 ③简单扼要地告知合作社合作方式的义务及权利，可着重强调合作社所可能带来的利润
	酒厂浓缩厂：相关文件丢失或是出行前忘记携带相关文件以及物资；跟酒厂或浓缩厂联系时，对方因不了解进度而使面谈效果甚微	①注意电子文档的备份以及出行前对物资清单的检查 ②平时应注意和厂家保持联系，适时反馈项目的进展情况 ③见面前应把谈时所涉及的信息简要地通知对方，有必要时可附上文件
网宣问题	网络宣传因受众面狭窄、宣传渠道有限，导致未达到预期的宣传效果	①早期便建立各社交网络的官方账户，注意定时更新信息，积累受众量 ②适当利用人脉拓宽信息扩散的范围和渠道

大学生公益服务长效机制建设

案例五 快乐粤语角[①]

一、项目背景

中山大学所在的珠三角地区是一个以粤语为日常用语,以广府文化为主体、富有岭南地方特色的区域。小到日常的购物、交流,大到寻找合适的工作,融入岭南文化圈,粤语无疑是必不可少的。中山大学作为全国"985"高校之一,被誉为"华南第一学府",吸引了大量非粤语区的学子前来就读。语言是其所在地区社会文化的载体,语言不通的学子,几乎完全不能融入粤语文化圈之中。采用适当的形式进行岭南文化及岭南文化载体——粤语的推广,是很有必要的。

二、解决方案

为了解决以上问题,本项目进行了一次针对中山大学本科生的网上问卷调查。调查结果显示,超过一半的受调查者不熟悉粤语,且其中绝大多数人都表现出对于学习粤语的浓厚兴趣。为了更好地学习粤语,大多数同学表示十分支持开办粤语角的活动,用一种比较轻松活泼的方式达到掌握粤语、了解岭南文化的目的;而懂得粤语的同学,也有意向成为本活动的志

---

① "快乐粤语角"引自中山大学校园公益策划大赛方案设计。团队成员为陈烨轩、吴燕群、郑敏虹。

愿者。基于调查结果的分析，我们认为可以定期举办粤语角的活动，方便外地同学尽快融入广东文化。开办粤语角的目的不仅仅使中大学生熟悉粤语以至于学会粤语，而且是为了弘扬岭南文化，使这一富有地方性特色的文化分支在校园里深入人心。

三、项目介绍

服务对象：中山大学珠海校区不会粤语的学生。

志愿者需求：熟练掌握粤语的中大学生。

举办时间：持续时间为一个学期，具体活动时间为隔周举行。

地点：中山大学珠海校区。

活动形式：分为校内活动和校外活动。校内活动在小课室举行，分为视频展示、基本用语教学、话题讨论三种基本形式；校外活动在室外场地举行，室外教学将充分考虑与学校的距离、安全性、交通便利程度等因素，择优选取场地。

四、项目进程及项目预算

"快乐粤语角"项目进程见表 7-13，项目预算见表 7-14。

表7-13 "快乐粤语角"项目进程

阶 段	时 间	内 容	备 注
筹备阶段：7月至8月上旬	7月至8月上旬	查找、收集相关教学材料	通过精选、整理材料，以及借鉴相关教学活动的经验，为顺利有效地开展活动做准备
	7月上旬	通过各种途径在同学中进行调查	调查的目的在于了解同学们的需求及征集意见，以不断充实完善活动内容、形式
	8月初	宣传	宣传包括招募志愿者的宣传，以及活动内容的宣传，形式包括海报、横幅、微博、QQ、人人网等多种形式
	8月中旬	志愿者招募与培训	志愿者人数在20人左右
	7月中旬	联络嘉宾	嘉宾初定为3人次
实施阶段：8月中旬至12月	第一学期单周周末	校内活动	实施阶段校内外两种形式的时间安排，会在实施过程中根据学员的意见以及其他实际情况进行调整
	第一学期双周周末	校外活动	
	12月底	表彰优秀志愿者	根据志愿者管理方法，评选出若干名优秀志愿者

第七章 基于可持续发展的大学生公益项目设计

表7-14 "快乐粤语角"项目预算

支出项目	单价（元）	数量	单位	总价（元）	备注
本活动纪念书签	0.1	400	个	40	
小笔记本	2	20	本	40	本活动奖品
精美钥匙链	5	20	个	100	志愿者纪念品
奖状	0.5	10	张	5	用于表彰志愿者
精美笔记本	3	10	本	30	用于表彰志愿者
邀请嘉宾预计花费	50	3	人次	150	具体形式主要为礼物
海报制作	3.3	153	张	504.9	以每次活动17张，共9次算
卡纸	0.6	30	张	18	
彩色笔		10	支	0	自备
备用资金				100	
合计（元）				987.9	

五、项目预期效果

（1）通过前期的宣传，许多同学愿意来参加粤语角活动。

（2）粤语角活动项目设计丰富，志愿者能够与学员良性互动，学员也能够从中享受到学习粤语的乐趣。

（3）营造珠海校区良好的学习粤语和岭南文化的氛围，

为不会粤语的同学提供一个良好的学习氛围和交友机会，加深对岭南文化的了解，增强语言技能，更好地融入岭南文化圈中。

（4）活动规模较小，是有针对性的教学与互动，尊重学员对学习方式及内容的建议，能够帮助他们更快更好地掌握基本交流语言，学会用粤语进行简单的交流。

（5）通过这次活动建立一个语言交流平台，不仅为同学创造学习粤语的机会，同时也为他们提供了一个更广的交友圈，加强学生间的交流，拓宽知识面，提高交际能力。

案例六　关注失智老人[①]

一、项目背景

老年痴呆症又称阿尔茨海默病（简称 AD），现已成为继心血管疾病、恶性肿瘤、脑卒中之后老年人的第四大杀手。该病是原发性退行性脑病的一种，发生在老年前期及老年期，且患病率随年龄增长而成倍增加。患有该病的群体因其记忆力衰退严重，一般被称为失智老人。据 2012 年统计数据，我国患者总数约为 900 万，居世界首位。遗憾的是，中国患者中只有 15% 的失智老人到医院就诊，究其原因，在于百姓对阿尔茨海

[①] "关注失智老人"引自中山大学校园公益策划大赛方案设计。团队成员为洪德禄、纪玉惠、龙楚雯、李杰文、肖彪、张秋丽、卓少冰。

默病缺乏认识,误以为是"老糊涂了"。基于此背景,本项目组特别开展关注失智老人的公益活动。

二、项目简介

项目活动选址在珠海市,经过考察,决定在珠海华发健身广场和银桦新村举办相关活动,项目主要通过主题宣传、社区活动、展览等形式开展,活动筹备时间为2013年4月1日至4月30日,正式开展时间为2013年5月1日至6月24日。

社区活动是以珠海银桦新村为试点,项目组举办相关活动,增进社区居民对阿尔茨海默病的了解,包括此病症的成因、症状、护理等相关知识。同时,对社区中的失智老人进行深入访谈,关注这一群体的切身需求。展览活动主要以项目主题展为主,也包含系列活动的成果等。

三、项目进程

关注失智老人项目进程见表7-15。

表7-15 关注失智老人项目进程

阶 段	时 间	工 作 内 容
宣传期	4月1日~4月5日	编写宣传策划
	4月5日~4月10日	活动执行策划
	4月1日~4月10日	制作宣传材料
	4月1日~5月1日	主题宣传

续上表

阶　段	时　间	工　作　内　容
活动期	4月10日～5月1日	活动宣传
	4月13日～5月1日	招募志愿者
	4月25日～5月1日	筹备物资
	4月1日～5月1日	拉赞助
	4月10日～5月1日	与合作单位确认信息
后期	5月1日～5月5日	发呼吁信
	5月11日	第一次社区活动
	5月25日	第二次社区活动
	6月1日～6月3日	展览
	6月3日～6月10日	活动善后事宜
	6月10日～6月24日	活动后总结
	6月1日～6月24日	后期跟进联系

1. 关注失智老人社区系列活动

本次社区系列活动通过与社区居民的多重互动，增进社区居民对阿尔茨海默病的了解。共分为两部分：第一部分以宣传活动为主要形式，其中包括主题系列宣传、"你拍我猜"活动等；第二部分以游园会形式开展，其中包括失智老人探访活动、"照片背后的故事"活动及投放呼吁信等。

（1） "走进失智老人的世界"宣传活动（见表7－16）。

活动时间：5月11日（星期日）。

活动地点：珠海银桦新村。

第七章 基于可持续发展的大学生公益项目设计

参与对象：社区居民，以组队的形式参加。

活动内容：宣传单、宣传海报、宣传手册。

表7-16 "走进失智老人的世界"宣传活动

设计形式	活动前期，宣传组结合阿尔茨海默病相关知识，设计宣传单、宣传海报、宣传手册样式，在设计的色彩基调主题上保持一致
嵌入内容	通过图书馆、互联网等方式搜集阿尔茨海默病相关知识，并且融入专业的医学内容
社区派发	在人流量较多的社区路口派发宣传资料，为社区群众提供了解阿尔茨海默病知识的途径和渠道

（2）"爱的传递"失智老人探访活动（见表7-17）。

活动时间：2013年5月25日（星期六）9:00~12:00。

活动地点：珠海市银桦新村。

活动对象：失智老人。

活动工作人员：项目团队成员、志愿者、香洲义工联。

活动内容：志愿者招募与培训，与探访家庭联系，社区失智老人探访。

表7-17 "爱的传递"失智老人探访活动流程

活动阶段	时间	工作内容	人员安排	备注
前期准备	4月13日~5月1日	志愿者招募	项目团队成员、香洲义工联	招募的对象为中山大学珠海校区学生
	5月7日~5月8日	志愿者培训	香洲义工联、项目团队成员	培训时根据与探访家庭联系的结果分组
	5月9日~5月10日	探访失智老人家庭	项目团队成员	与探访家庭联系的具体内容如下：①是否愿意接受探访 ②探访时间 ③老人的兴趣爱好、性格等背景资料
当天活动	5月11日、25日 8:30	志愿者集合及有关说明	项目团队成员、志愿者	地点：中山大学车站
	9:20	到达银桦新村		
	9:30~12:00	探访	项目团队成员、志愿者	

续上表

活动阶段	时间	工作内容	人员安排	备注
当天活动	5月11日、25日	12:00	志愿者集中	项目团队成员、志愿者	①地点：银桦新村小公园 ②清点人数、合照

2. 关注失智老人公益展

（1）活动时间：2013年6月1～3日。

（2）活动地点：珠海市图书馆新香洲迎宾北路。

（3）活动简介：本次关注失智老人公益实践成果展是本团体活动的阶段成果，将一段时间内的活动做一个总结和回顾。本次活动的形式以实体展览为主，展示各个活动的照片、视频等记录；辅之以公益签名、派发宣传资料等活动（见表7－18）。

表7－18 关注失智老人公益展流程

活动进程	时间	工作内容	参与人员
前期准备	5月1日	联系场地	外联组
	5月10～25日	宣传片的制作（视频、海报、展板）	宣传组
	5月20～27日	人员的组织	外联组

大学生公益服务长效机制建设

续上表

活动进程	时间	工作内容	参与人员
前期准备	5月28～30日	勘查、布置场地	现场机动组
活动计划	6月1日	**主体活动**：图片展与公益成果展开幕、公益签名活动	团队成员、媒体记者、社区居民、高校学生
	6月2日	**主体活动**：图片展微博互动，转发有奖活动；公益签名活动	团队成员、社区居民、高校学生
	6月3日	活动介绍	团队成员

四、项目预算

关注失智老人活动项目预算见表7-19。

表7-19　关注失智老人活动项目预算

项目		单价/元	数量	合计/元
前期宣传	海报	3	30	90
	宣传单	0.1	200	20
	志愿者招募经费	1	100	100
	其他联系经费	100	1	100

第七章 基于可持续发展的大学生公益项目设计

续上表

项　　目		单价/元	数　量	合计/元
社区系列活动	宣传单	0.1	500	50
	海报	3	30	90
	宣传册	1	150	150
	台历	15	5	75
	环保袋（奖品）	0.8	100	80
	徽章（奖品）	0.8	200	160
	杯子（奖品）	25	5	125
	知识竞猜纸张	0.1	20	2
	"爱的传递"呼吁信	0.5	200	100
活动成果展	场地租赁	300	3（天）	900
	条幅	20	1	20
	展板	40	2	80
活动成果展	海报	50	1	50
	宣传小册子	1	200	200
	场地布置	50	1	50
合计		2442		

五、预期效果

（1）社会层面。通过公益实践成果展，引起学校和社会对这个群体更多的关注，从而加入关注失智老人的行列。

（2）家庭层面。"爱的传递"活动中让失智老人的家人知道老人的所思所想，学会如何关爱老人，从而更好地规划自己的生活道路，更好地照顾老人。

（3）志愿者层面。展现当代大学生的风采，增强大学生的社会责任感和主人翁意识，引发大学生对社会现状的深入思考；提高大学生参与社会实践的能力，在具体的社会实践中得到切实锻炼，不断积累经验，提高自身素质。

案例七　造血干细胞捐献知识宣传①

一、项目背景

当前我国等待造血干细胞移植的患者有400多万，且每年新增患者达到4万以上，其中50%的患者是35岁以下的青壮年和儿童；每年因为白血病而死亡的人数达3万人以上，但是造血干细胞捐献志愿者库人数却还不到130万人。在这130万人里面，即使配型成功，志愿者的反悔率却高达20%～30%，这让无数本已抓住一线生机的生命再次陷入无奈与漫长的等待。②

造血干细胞捐献知识宣传刻不容缓！

---

① "造血干细胞捐献知识宣传"引自中山大学亚德客公益实践项目方案设计。团队主要由中山医学院长学制党支部2009级、2010级成员构成，共有63名成员，团队负责人是龙颖琳。

② 数据资料来源：http://www.docin.com/p-324382272.html。

第七章 基于可持续发展的大学生公益项目设计

"您的一滴热血，他的一生希望"，这是中山医学院长学制党支部从2009学年开始就一直在坚持的口号，也是我们的信念：我们要运用自己作为医学生的优势，把热情和精力投入到造血干细胞捐献知识宣传中去，让更多的人了解和支持造血干细胞捐献。

通过此次在中山大学四个校区进行的宣传活动，希望达到让更多人深入了解造血干细胞捐献的现状、捐献的流程以及捐献的风险等相关知识，解除大家对造血干细胞捐献的恐惧，增加大家对造血干细胞事业的关注度，并且说服更多的人加入志愿者的行列，通过实际行动支持我国造血干细胞捐献事业。

二、团队成员及服务目标

本项目主要由中山医学院长学制党支部2009级、2010级成员构成，共63人。服务的目标是广泛宣传造血干细胞捐献的重要性、安全性，打消人们的疑虑，扩大中华骨髓库的力量，使更多白血病患者获益。

三、项目可行性分析

造血干细胞捐献知识宣传活动是中山医学院长学制学生的品牌活动，充分发挥了医学生医学知识的优势。在不断完善以往活动内容的基础上，本活动不断创新活动形式，将活动范围扩展到除中山大学以外的其他高校，让更多的人了解造血干细胞捐献的意义。

大学生公益服务长效机制建设

四、项目可持续性

第一,我们的活动对象是广州市高校学生,每年都会有新生。接下来将会增加活动高校,吸纳更多人士参与。

第二,此活动是中山大学中山医学院八年长学制的品牌活动,由各个党支部负责组织,每年都有新生力量,做到传承并发展。

五、项目进程

本项目通过海报、横幅、展板,讲座、视频等宣传方式在各大高校开展,同时通过二维码、网络宣传将宣传范围扩大,让造血干细胞捐献知识为社会所关注。影响群体广泛,志愿者数目逐年增多,效果明显。

1. 前期宣传

宣传以中山大学各校区校内宣传为主,并通过网络将其扩散。

校区内,海报横幅及展板展示使师生了解造血干细胞捐献活动的流程及意义,联系各校区新闻媒体专业的同学及广播台记者使项目在各校区内扩散。视频内容是采访已捐献者,通过其亲身体验进行解说,并在校园广播及宣传材料中展示,消除大家对于副作用的担忧,提高活动的真实性及说服力。讲座作为培训的一部分,请专业老师对造血干细胞的基础知识和意义进行讲解,目的是让医学生,尤其是非医学生了解并熟知,力争做到扩大宣传、增加捐献者数目、提高采血人数三重效果。

第七章　基于可持续发展的大学生公益项目设计

网络设置抽奖平台将活动宣传扩大到各校区外，特别是适合捐献的人群（18～45岁），使造血干细胞捐献成为网络谈论热点；再通过微博转发送礼品，扩大影响力，让此项目不仅限于大学生，更希望带动整个社会对捐献造血干细胞的广泛关注。

2. 摆台招募

在中山大学、华南理工大学、广东医学院等大学进行现场摆台宣传，有意成为捐献者的同学现场进行报名登记，对捐献知识进行现场解说，对存在的问题进行现场解答，并通过现场有奖知识竞赛让知识宣传更到位，同时查验并检测大家对捐献知识的理解。

3. 现场采样

现场采样体现了活动的完整性。通过红十字会出车进行现场采样提高了捐献者的实效性。志愿者只需定时到固定地点，按程序进行一系列的检查及抽血工作，减少了工作人员将其带到采血医院带来的额外工作量，同时志愿者成为捐献者的比率大大提高。由于省时省力简单方便，实效性提高，同时将会得到志愿者及捐赠者的好评。

秉持着"无偿自愿"的原则，在多次活动中工作队伍不断壮大，工作人员及志愿者整体水平与专业素质稳步提高。活动影响范围广，宣传从校区扩大到社会，获得各大学及社会大众的一致肯定，得到中华骨髓库多位老师的肯定与赞扬。

六、经费预算

造血干细胞捐献知识宣传经费预算见表7-20。

表7-20 造血干细胞捐献知识宣传经费预算

项	目	单价/元	数 量	合计/元
宣传品	横幅	100	6	600
	海报	20	30	600
奖品	U盘	20	30	600
	移动电源	75	5	375
人员培训	资料印刷			100
	考核			
	老师培训			
交通费用				500
合计			2775	

七、突发事件防范

1. 前期宣传材料

前期宣传材料,即挂放在各个校区的横幅、展板和海报等可能因各种原因丢失,给我们的宣传造成不良的影响。应在规定的地方挂放横幅、展板和海报,并做好提前申请工作。事先与相关工作人员进行沟通,减少丢失情况的发生,必要时可安排一定的工作人员进行查看。若是已经丢失,应重新悬挂以免

第七章　基于可持续发展的大学生公益项目设计

影响宣传效果。

2．活动日气候不佳

活动前应根据天气预报选好日期，如气候不佳，应择期进行活动。

3．活动日人员拥挤

因活动举行时间正值军训期间，可能会造成吃饭时人流过多的情况，人流拥挤，给宣传报名带来不良影响。应提前设法应对该情况，合理设计宣传场地，增加工作宣传人员，维持现场秩序。

4．活动日场地冲突

应该提早到相关部门申请场地，确保场地使用不会发生冲突。若冲突已经不可避免，应尽量协商，保证活动正常进行。

5．采血现场人员流失大

为避免人员报名后流失大，我们进行宣传时，应充分阐明造血干细胞捐献的流程，做到知情同意，志愿者自愿参与，保证能履行承诺。

第八章

可持续发展的大学生优秀公益项目案例

第八章 可持续发展的大学生优秀公益项目案例

案例一 "药"公益[①]

一、项目背景

汕头市各乡镇居民受教育程度和医疗卫生知识水平差异极大,当地有些居民尤其是老年人缺乏安全用药知识,乱吃药、不吃药、不遵医嘱、滥用抗生素、禁忌药随意服用等现象严重,因此很有必要进社区开展安全用药相关宣传。项目团队立足于药学专业,在社区内开展安全合理用药知识的宣传和普及,充分发扬当代大学生的积极奉献精神,回馈社会。

二、项目目标

帮助当地居民了解正确用药的理念,介绍安全用药知识,纠正错误的用药观念,同时进行养身保健知识宣传。为志愿者提供学以致用、服务社会的机会。此外,中山大学药学院和中山医学院的同学共同参与活动,促进了不同学校、不同专业学生之间的交流。

[①] "'药'公益"案例引自中山大学亚德客公益实践项目报告,项目负责人许映燕,团队成员有陈松峰、郑子奇等。

大学生公益服务长效机制建设

三、项目实施

（一）前期准备

活动前期，成立了项目小组，确定工作任务并商讨活动细节；邀请药学院相关老师编写《安全用药手册》，准备足够的活动物资，保证活动正常开展。同时，我们也对汕头市澄海区莲华镇十五乡进行了踩点联系，最终确定了人口多、人流量大、活动场地适宜的项目开展地点，并与当地党委书记、乡长、老年人协会取得联系，得到了他们的支持；招募了一批志愿者，邀请专业老师对志愿者进行专业培训。

（二）开展阶段

2013年7月21日下午，志愿者在汕头市澄海区莲华镇开展了安全合理用药公益活动。首先，志愿者在当地乡党委书记、乡长的带领下到达隆城老年人协会看望老人，为三十多名老人送上水果和筹集的爱心款，同时向他们宣传用药常识，解答有关老年人高血压、糖尿病等方面的用药问题。随后志愿者们到达隆城市场向乡民宣传用药常识、发放安全用药册子，并进行答疑。

（三）活动后期

志愿者进行交流总结，对活动的改进提出建议，并分享活动经验和感受；对本次活动情况进行记录，并在微博和学院网

第八章 可持续发展的大学生优秀公益项目案例

站上进行宣传,同时对活动剩余物资进行整理登记,供后续活动之用。

四、项目特色

（一）深入基层

本次活动深入到汕头市澄海区莲华镇,能将用药知识惠及真正需要帮助的人。志愿者们采用探访当地老年人协会和市场入铺宣传等环节,对安全用药进行宣传,同时发放《安全用药手册》。

（二）立足专业

志愿者以药学专业学生为主,联合医学院学生共同参与,保证了志愿者队伍的专业性。本活动给了志愿者一个将所学知识应有于实践的机会,为志愿者提供了一个回馈社会的良好平台,加深了志愿者对专业知识的理解,激励志愿者更加努力学习相关专业知识。此外,我们邀请了药学院的老师编写《安全用药手册》,制作用药知识展板,志愿者全部经过药学院专业老师培训,力求能为当地居民提供更专业的服务。

（三）注重宣传

以新浪微博（@安全合理用药小喇叭－sysu）为媒介,结合药学院已有网络平台,积极与中大校园媒体和广州主要媒体互动,对活动全过程进行宣传报道,增强活动辐射效应。

大学生公益服务长效机制建设

本次公益活动和学院文化、专业知识贴近，项目内容实用性高，关乎日常实际生活；不同专业的志愿者之间，其合作也促进了专业知识的交流；同时，培训过程严格认真，得到了志愿者的一致欢迎，也增长了志愿者的专业知识。从活动的前期准备到开展再到后期总结，志愿者都积极认真地参与，共同努力设计活动方案，准备活动物资，收获了友谊。

案例二 聋哑儿童成长档案[①]

一、项目概况

聋哑孩童是一个特殊的群体，他们不能像正常孩子一样听到这个世界美妙的声音。聋哑儿童成长档案是我们多年来一直持续进行的公益活动。本项目针对聋儿语言训练中心志愿者不固定、流动性大的特点，通过分析聋儿学习及生活情况，结合志愿者专业知识设计成长档案，作为记录聋儿的个人情况以及学习情况的记录册，让每一位志愿者在短时间内了解辅导对象的特点、存在的问题以及前期志愿者的处理方法等，更好地辅导聋儿学习。

[①] "聋哑儿童成长档案"案例引自中山大学亚德客公益实践项目报告，项目负责人刘嘉雯，团队成员有萧金璐、钟浩纯、王小娥、苏匀捷、吴子琪、游旭敏、张秋兰。

第八章 可持续发展的大学生优秀公益项目案例

二、项目实施

(一) 项目进程

"聋哑儿童成长档案"项目进程见表8-1。

表8-1 "聋哑儿童成长档案"项目进程

时 间	内 容
2013年2月25日	咨询院长聋儿教学具体情况以及注意事项,并收集对于成长档案的改进建议
2013年2月25日~3月3日	设计并制作符合聋儿特点的成长档案
2013年3月4日~3月10日	招募志愿者并培训
2013年3月11日	第一批志愿者带成长档案开展志愿服务
2013年3月18日	第二批志愿者带成长档案开展志愿服务
2013年5月19日	成长档案的整理并分析

团队成员为每一位聋儿设计了一本成长档案记录册。记录册结合聋儿的特点,具有档案记录、成长记录、精彩展示、互动交流、素质评价、成长辅导等功能。记录册还可用于帮助聋儿系统地记录每一次学习的文字、图片及音像等各种成长资料,为每个聋儿创建一份珍贵的个人成长记录,使每个聋儿的进步都能得以记录。

大学生公益服务长效机制建设

1. **制作成长档案**

成长档案的使用对象设定为大班的 8 名聋儿。在聋儿语训中心里，小班和中班的孩子还在接受专业老师的语言学习培训，不由志愿者直接进行辅导，大班的聋儿已具备一定语言能力，能有更多的机会接触到志愿者。针对上述情况，我们为 8 位大班聋儿设计了属于他们自己的成长档案页，并附有聋儿个人信息（例如姓名、照片、生日等）及老师的评语，使志愿者能对小朋友有初步的印象。在他们的成长档案中，也有志愿者服务的情况全记录。志愿者每次辅导完这位小朋友，都会记录当次辅导的过程、小朋友的学习情况、志愿者对辅导小朋友的建议或遇到的情况等。后来的志愿者在阅读成长档案后，就能对所辅导的小朋友有比较详细的了解。

2. **设计聋儿课程**

大班的聋儿除了学习语言外，还需要学习简单的四则运算、成语等基础知识。为了更好地学习基础知识，我们设计小游戏，让他们在学习基础知识时，能锻炼表达能力、咬字准确度等。比如，结合"桌面游戏"——你画我猜，将一些发音较难的词语"高兴"、"水缸"等内容，写在小卡片上，选一位大班的孩子到黑板上将卡片上的词语画出来，班内同学如果猜到是什么词语，则需大声讲出来，讲对了，就获得上黑板给小伙伴画题的机会。通过这样的小游戏，让他们主动讲话，并在好胜心的驱使下，更加努力地练习，使他们的发音越来越标准。

第八章 可持续发展的大学生优秀公益项目案例

3. 使用成长档案

第一批志愿者在辅导后将辅导情况记录下来,第二批志愿者在前面志愿者的辅导情况指示下指导小朋友,结束后再次记下自己的辅导情况。经过交流,在有指示、有建议的情况下,志愿者能更快地与小朋友互动,并在辅导作业时有更多的办法让小朋友专心学习。在第三次志愿活动时,团队成员与院方联系,希望能将成长档案交给另外的志愿者队伍使用,检测在没有培训的情况下,志愿者利用成长档案进行辅导的情况是否会有变化。在获得院方同意后,我们将成长档案交给了另外的志愿者队伍,并在旁观察,发现志愿者通过成长档案能在短时间内获得小朋友的信息,并根据经验,快速地掌握小朋友的学习进度和学习状态,对辅导工作有极大的帮助。

三、项目效果

在使用了成长档案后,小朋友的每一次进步和成长都会被记录,对于见证他们的进步有原始材料可以回顾。同时,也让后续志愿者可以更快地了解到小朋友的近况,更好地进行志愿工作。通过交流与互动,小朋友的沟通能力不断加强,性格更加开朗,更愿意与人沟通。在我们的创新教学方式的推动下,老师也尝试不同的教学方法,刺激小朋友学习的欲望,使小朋友学习更加迅速,更加快乐和有效。此次活动是具有持续性的公益活动,有助于定期了解语训中心聋儿不同阶段的成长和生活,与他们建立"兄长"式的友谊,从而对他们进行长期的关注。

四、项目反思

1．存在的问题

随着志愿者的多次辅导，辅导记录会越来越多，而新的志愿者需要花在阅读成长档案上的时间也会越来越多，会影响服务时间；若短时间里小朋友被不同志愿者辅导的次数较多，志愿者发现的问题也就大致相同，造成辅导纪录重复冗余；在经过长时间辅导后，小朋友若有较大的改变和进步，小朋友个人资料中的老师寄语也会失准，导致志愿者阅读时会被误导。

2．改进方法

志愿者需要定期整理辅导记录，将相同类型的问题汇总，并将解决方法附在其后，让其他志愿者能用较少的时间获取较大的信息量；若志愿者并没有发现小朋友有新的问题或者新的对应解决方法，可不填写辅导记录，减少信息冗余的情况；在使用一段时间后，建议以升班为界，小朋友的成长档案应再次建立。这样旧的成长档案可以归档作为辅导这类型班级小朋友的参考资料，若能坚持积累，定能保存大量教育聋儿的宝贵经验，若能经过编纂，便会为教育聋儿学习说话提供大量的实践信息。

第八章 可持续发展的大学生优秀公益项目案例

案例三 幼儿口腔保健宣教[①]

一、项目背景

我国第三次口腔健康流行病学调查显示,学龄前儿童龋齿患病率高达66%。而广东省龋齿病发病率居全国各省份最高,在其他地方少见的重度龋齿在广东很常见。儿童龋齿多发的原因有如下几点:一是儿童没养成刷牙习惯,或者刷牙方式不正确;二是家长对口腔保健的知识了解不多,对儿童口腔清洁情况没有加以正确的引导和监督;三是儿童嗜好甜食,食用含糖量极高的甜食后没有及时漱口。龋齿有早期预防效果好、投入少、损伤少的特点,所以龋齿防治工作要从儿童入手。如果能在早期就对儿童的刷牙方式进行纠正,向儿童及其家长普及基本的口腔卫生知识,一方面,可以大大减少儿童患龋率,减少儿童治疗龋齿的痛苦;另一方面,可以减少国家在医疗保障这一方面的资金投入,达到多赢的局面。

[①] "幼儿口腔保健宣教"案例引自中山大学亚德客公益实践项目报告,项目负责人辜为怀,团队成员有黄柱伟、黄煜杰、周志斌、孟庆禛、王丽晓等。

二、项目实施

(一)前期准备

1. 内容策划

为了让这次口腔宣教活动达到较好的效果,实实在在教会小朋友正确刷牙方法和基本的口腔保健知识,项目组针对幼儿园小朋友的特点,查找各种资料,设计了生动有趣的活动内容。如唱《刷牙歌》、口腔知识竞猜、贴牙齿游戏等,旨在通过生动的方式向小朋友传播口腔保健知识和正确的刷牙方式。

2. 物资准备

我们制作了一些可爱形象的道具(贴牙齿游戏的大嘴巴),向学院借用"牙公仔",制作活动PPT,安排悦耳动听的背景音乐。在活动游戏环节和知识竞猜环节中,我们准备了精美的小礼品——卡通贴纸,奖励表现活跃的小朋友,提高小朋友参与活动的热情。

3. 联系幼儿园

活动需要幼儿园老师的支持和配合,因此部分志愿者在活动开展前前往中山大学南校区幼儿园踩点,与这次活动的服务对象小二班和小四班的班主任进行沟通和协调。向他们详细介绍我们的活动,并请教有关此次活动举办的一些注意事项。幼儿园的班主任了解到我们此次活动的意义后,给予了充分的肯定并大力支持我们的活动。

第八章　可持续发展的大学生优秀公益项目案例

4．设计传单

志愿者结合上课内容，查阅了相关资料，针对广东儿童龋齿及其生活饮食习惯的情况设计了儿童口腔保健宣传单，目的在于向家长普及基本的儿童口腔知识，希望他们能在日常生活中正确引导儿童做好口腔清洁工作，培养儿童良好的口腔卫生清洁习惯，纠正不良的饮食习惯。

5．专业指导

为使活动效果最大化，我们邀请了高年级有经验的师兄师姐担任培训师，并在活动中担任主要的示教工作和义诊工作。

（二）项目具体实施

1．会场布置

在这个过程中，志愿者各司其职，协调配合，体现了团队精神和顾全大局思想，针对意外情况能开动脑筋，另辟新路，巧妙地解决问题，达到目的。在准备过程中，我们特别注意牙刷的卫生问题，我们在现场做拆卸牙刷包装壳工作，目的是防止牙刷在此过程中被污染，而且拆完包装壳后，我们将每一支牙刷都用热水冲洗干净且用保鲜袋装好，确保牙刷干净卫生。

2．活动环节

活动开始，在《刷牙歌》环节，领唱人员发现小朋友没有跟着唱《刷牙歌》，觉得现场气氛有点冷清，于是改变原计划，让一些小朋友上去唱。出乎我们的预料，小朋友争先恐后地上台唱歌，麦克风旁边围着一圈小朋友，会场的气氛顿时活跃起来。接下来的贴牙齿游戏更是深受小朋友们的喜爱，小朋友一个接一个到黑板前贴牙齿，贴成功后领着小礼品开心地回到座位。在口腔知识竞猜比赛中，主持人设计的关于口腔知识的问题让小朋友们了解了这方面的知识，小朋友们也踊跃回答问题。整个活动气氛很热闹，小朋友参与活动的热情高涨。

刷牙示范环节，师兄师姐们认为采用小组教育比较有效率，所以小朋友们被分成四组，每个师兄师姐对大约15个小朋友进行刷牙示范，一部分志愿者负责纠正小朋友的刷牙动作。由于有些小朋友在刷牙示范环节结束后还没掌握好正确的刷牙方式，所以我们再请其中的一位师姐在讲台上对全班小朋友讲一遍，做到让每个小朋友都学会怎样正确刷牙。"刷牙有口诀，一二三，最简单；一是一根牙刷，二是牙齿牙龈都要刷，三是牙齿里面外面上面都要刷。"相信这些简单生动的口诀能在小朋友脑海里留下深刻印象。刷牙教学后，师兄师姐们对小朋友进行口腔检查，小朋友在诊断中了解了自己口腔的基本情况。义诊后小朋友纷纷跑到"牙公仔"旁边照相，最后还一起照了合影。

3. 活动结束

收拾会场，整理物资，派发口腔保健知识宣传册，志愿者分工明确，各项工作都做到位。配合幼儿园小朋友的作息时间表，活动时间设计较为合理。

三、项目效果

该活动结束后，幼儿园老师对本次活动予以很高的评价，对志愿者表示感谢，希望以后能有更多的机会再举行类似的活

第八章 可持续发展的大学生优秀公益项目案例

动。而参与活动的志愿者也收获匪浅。

1. 服务对象

活动结束后,参与活动的小朋友能掌握正确的刷牙方式;家长通过阅读宣传手册能掌握口腔保健知识,在日常生活中督促协助小朋友做好口腔清洁工作;参与活动的幼儿园老师能重视口腔教育的重要性,能对小朋友进行规范的口腔保健教育。

2. 志愿者

培养了志愿者对所学专业的兴趣,让他们学会了与小朋友沟通的技巧,进一步培养了志愿者的社会责任感,并为其将来走上工作岗位积累经验。

四、项目特色

1. 群体特殊性

选择小班的小朋友进行正确刷牙示教,能在早期帮助他们形成良好的口腔卫生清洁习惯,在龋齿发生前大大降低龋齿的发生率。

2. 知识分享

通过这次活动,小朋友了解了一些基本的口腔保健知识;家长也能通过口腔保健宣传单懂得如何去引导小朋友养成良好的口腔清洁习惯;志愿者中的低年级学生有机会向高年级师兄师姐学习专业知识。

3. 教学效果好

富有专业知识的师兄师姐分组对儿童进行口腔保健教育,项目组还安排多次专业知识讲解活动。工作人员一对一地对小朋友进行示范与纠正，确保了每个参与活动的小朋友掌握正确的刷牙方式。

4．趣味性高

有趣简单的游戏给小朋友带来了欢乐，白白胖胖的"牙公仔"总成为小朋友照相的好伙伴。色彩丰富的活动 PPT 背景提高了小朋友参加活动的热情。

5．覆盖面广

活动向幼儿园绝大部分家长发放口腔保健宣传手册，让每个家长都能了解口腔保健方面的知识，继而与身边的亲友分享这些知识。

五、项目评估

1．准备充分

"凡事预则立，不预则废"在这次活动中得到了充分体现，正是因为有了翔实的考虑、周全的计划和充分的准备，这次活动才能得以成功开展。如较早积极联系幼儿园，和幼儿园的老师商量，并制定了详细的策划方案。准备工作持续两周，时间上较为充裕，使得各项工作进展顺利。

2．密切配合

多方面的积极协助和努力，是活动得以完成的保证。如我们联系了高年级富有经验的师兄师姐进行培训和指导，邀请指导老师和幼儿园班主任指出活动存在的问题；志愿者配合默契，也是活动取得成功的重要条件之一。

3. 安排合理

在活动开始之前,志愿者任务明确,设计口腔保健宣传单,制作活动道具,撰写主持稿,准备物资,联系师兄师姐等工作落实到每个志愿者。

案例四 "灯塔"失独家庭帮扶计划[①]

一、项目概况

所谓失独家庭,即"丧失了独生子(女),只留下父母的家庭"。失独父母大多人到中年遭遇独子夭折,因为失去再生育能力,只能独自承担养老压力和精神痛苦。他们绝大多数超过60岁,精神和身体状况欠佳,有一定的生活困难。"灯塔"公益小组借此次活动,希望达到以下效果:第一,给"失独家庭"带去心理慰藉,尽可能帮助他们走出孤独与痛苦;第二,帮助一些失独家庭落实养老保险等养老保障;第三,通过实地调查,发现现有政策中需要补充、加强的部分,向有关部门提出建议。

二、项目团队

团队由一名辅导老师和六名成员组成。中山大学社会学与

---

① "'灯塔'失独家庭帮扶计划"引自中山大学亚德客公益实践项目报告,项目负责人梁怡平,团队成员有李莉霖、李嫒嫒、刘孟宇、刘建宏、陈琪。

大学生公益服务长效机制建设

社会工作系副教授万向东是团队的负责老师，其研究领域横跨社会学与社会工作学，多年致力于对弱势群体的研究，主要研究方向为城市社区。团队成员均为中山大学学生，来自社会学系与博雅学院，具有深厚、扎实的社会学、人类学专业知识与广泛的历史、哲学、文学专业背景。"灯塔"团队成员关注社会热点问题，追问民生所需所求，结合专业知识，从实际出发，力求用行动促进社会向更好的方向发展。除了六名基本成员外，还招纳了一些热心、有活力的志愿者，协助我们进行每月两次的定期探访，组织社区内失独家庭和其他老人一起活动，及组织失独人士探访福利院活动。

三、项目内容

心理慰藉方面分为三个方面，一是推进"社工走进失独家庭"活动，由社工多次探访、了解失独家庭现状和需求，建立两者间的联结；二是举办"团结失独家庭"活动，通过各种活动使他们获得团体认同，促进心理认同和有序的社会诉求表达；三是开展"扩大影响，实现助人自助"行动，鼓励情感恢复较好的"失独"人士帮助有同样遭遇的人群或其他弱势群体，通过情感投射走出伤痛。每个阶段会由不同的活动组成。养老保障方面有四个工作方案，即保障"失独"老人入住养老机构、为老人购买家政服务、为失独家庭整合政策信息、以养代租。

第八章　可持续发展的大学生优秀公益项目案例

四、项目实施

"灯塔"失独家庭帮扶计划项目进程见表8-2。

表8-2　"灯塔"失独家庭帮扶计划项目进程

时　间	地　点	具体活动形式与内容
2013年4月12日	网络	开通专门微博,利用人人网、豆瓣网等社交平台,发布各种相关资料与信息,宣传活动
2013年4月15日~4月20日	广州市各高校、街道	在校园内和街道举办图片展,张贴海报,发放传单对各高校进行QQ扫群,发送群邮。广而告之,进一步宣传
2013年4月21日	大塘街道	联系街道、计生办,收集整理失独家庭资料
2013年4月23日	中山大学南校区	对每个失独家庭的情况进行分析,决定采取哪些活动
2013年5月3日	大塘街道	分配进入的家庭,让他们了解自己所要进入家庭的情况,并进行基础技巧的培训
2013年5月8日	大塘街道	第一次探访,带去慰问品,培养该家庭与探访者的熟识度,体会到来自该活动的温暖与关怀;邀请他们参加联欢会,与其他老人进行交流

续上表

时　间	地　点	具体活动形式与内容
2013年5月11日	大塘街道	与大塘街共同举办联欢会，注意失独老人的状况，引导他们更好地融入活动
2013年5月15日	大塘街道	第二次探访，带去慰问品并询问他们是否有意愿加入社区志愿服务组织或去孤儿院福利院等地参观
2013年5月18日	大塘街道	进行活动总结，吸收经验，探索将关爱失独家庭的行动继续下去的道路

1. **准备阶段**

"灯塔"团队收集了有关失独家庭的文献、个案及相关政策，对失独家庭的情况做了初步了解，并在万向东教授的指导下对项目进行了一系列调整。团队与广州市第一个提出关注失独老人的街道大塘街道进行了联系，了解了街道内失独家庭的现状以及已有的扶助活动，一同改进活动计划，确定了合作关系。因为目前针对失独群体的专业研究并不完善，给公共服务政策的制定造成了极大不便，我们的前期探访带有调查性质，运用社会学实地调研的专业知识对情况予以摸查。"灯塔"团队还设计了针对访谈失独家庭、有关社工、街道工作人员及民政局官员的半结构式访谈问卷。

2. **实施阶段**

"灯塔"团队的成员两人一组，对失独家庭进行多次走访。失独家庭是一个非常敏感的群体，很难与他们建立亲密的关系，更难使他们敞开心扉，谈论失去独子这种令人心碎的往事。因此，团队成员在花了大量时间与他们沟通、互动之后，才得以成功开展访谈活动。2013年5月11日上午，与大塘街道家庭综合服务中心一起组织失独家庭联欢。2013年5月15日下午，同大塘街道家庭综合服务中心的两名社工一起探访东皋居委会的"失独"老人。

3．项目后续

"灯塔"团队希望在项目结束后，对定点社区举办活动所取得的成果进行宣传，令更多人意识到解决失独家庭问题的必要性、迫切性。此外，我们希望将活动中得到的经验推广至广州市乃至更大范围，使关爱失独家庭的活动能尽快普及。

五、项目成效

通过与失独家庭的接触和访谈，我们对失独家庭面临的困难以及心理现状有了比较深入的理解。我们整理、归纳了有关失独家庭，尤其是广州失独家庭的大量一手资料，主要包括：失独家庭面临的问题和需求状况、失独家庭的社会支持网络、失独家庭的日常生活与心理情感上的伤痛恢复等。我们对这些资料进行整理，对现有的失独家庭救助体系进行分析，并在此基础上向有关部门提出建议。通过与失独老人的交流、互动，"灯塔"团队的成员们给他们带来了欢乐，减轻了他们的孤独与悲伤，并且引导他们结成互助小组，互帮互助共同走出心理阴影，同时解决一些生活上的困难。此外，通过"灯塔"团队的宣传，许多大学生、普通市民开始关注失独群体，并尽自己所能向他们提供帮助。

案例五 "蓝信封"留守儿童关爱活动[①]

一、项目概况

随着中国社会政治经济的快速发展，越来越多的青壮年农民走入城市，在广大农村也随之产生了一个特殊的未成年人群体——农村留守儿童。留守的少年儿童正处于成长发育的关键时期，他们无法享受到父母在思想认识及价值观念上的引导和帮助，较易产生认识、价值上的偏离和个性、心理发展的异常。对于留守儿童问题的解决，"蓝信封"团队认为，除了物质上的资助，心灵上的交流和疏导带来的作用更为深远，同时这也正是作为大学生的我们最容易做成的事。

自2008年3月创办以来，"蓝信封"致力于为留守儿童建立一个与当代大学生通信交流的平台，以写信这种最原始而又最能打动人心的通讯方式，建立起深层次的交流，给留守儿童们打开了一扇心窗。长远来说，"蓝信封"大使会成为留守儿童的一个好朋友。我们之所以称之为"大使"，是因为他们与留守儿童"真诚、平等、分享"的交往关系是持久的。

[①] "'蓝信封'留守儿童关爱活动"引自中山大学亚德客公益实践项目报告，项目负责人罗韶姬，团队成员有陈曦、何亚君、杜成乾、韩文雯、许潭约等。

第八章 可持续发展的大学生优秀公益项目案例

二、项目实施

(一) 前期准备

"蓝信封"留守儿童关爱活动前期准备见表8-3。

表8-3 "蓝信封"留守儿童关爱活动前期准备

时 间	内 容	备 注
2013年6月	前期筹划	地点:中山大学珠海校区
6月31日前	人员分组 确定各组负责人	地点:中山大学珠海校区
7月1日~7月30日	联系服务学校, 取得同意	
8月1日~8月30日	各组策划	各组自行策划及 调研组培训
	调研培训	
9月1日~9月11日	准备会议	各组分头进行
	各组确定方案	
9月12日~9月14日	全体集中准备及彩排	地点:中山大学南校区
9月15日~9月20日	项目地具体实施	地点:湖南汉寿县

(二) 项目具体实施

1. 校内活动 (9月16日~18日)

"蓝信封"在三天里分别在湖南汉寿县龙潭桥中学、军山铺中学、崔家桥中学开展了活动。项目组分为新生组、老生组、外联组、老师组和后勤组。新生组面向初一学生，全部为第一次接触的新初中生；老生组则面向之前已联络过的学生。全体项目组队员分队进行活动。共计145名初一同学参与了新生组的活动，经过一系列的活动以及写信体验和自由选择报名环节，最终95名同学参加"蓝信封"通信活动。与此同时，108名通信一年的初二同学参与了老生组的活动，通过绘画的形式，同学们反思和表现了一年来的改变，制作了精美的贺卡送给与自己通信的大使。与此同时，调研组向所选各班级派发调研问卷并顺利回收问卷。外联组的图书捐赠活动在三所学校都顺利开展，成功将书交给各班班主任，并对各班管理图书的同学进行了培训。老师组与各学校的收发室老师、新生班主任进行了交流访谈，获得了不少反馈，也为日后的通信工作打下良好基础。后勤组则准备了相关物资，确定好出行事项，为活动的顺利进行作出很大贡献。

新老生活动结束之后，项目组的队员对参与"蓝信封"通信的初一和初二同学进行了访谈。调研组以"探究农村初中生核心自我评价对隐性辍学的影响"为主题的调研，通过访谈成功进行。访谈增进了同学和"蓝信封"的感情，获得同学对于学校活动的反馈，也对初二同学通信一年的情况进行了深入了解。

项目组全体队员开展总结大会，各组总结汇报情况，以便各位队员对整体情况进行把握。同时各组开设小组内部会议，仔细分析每组具体工作，不断调整改进。这样的反思总结加深

第八章 可持续发展的大学生优秀公益项目案例

了队员对于项目和公益的思考与认识，学校活动的顺利进行与此密不可分。

2. 校外家访（9月19日～20日）

为期一天半的家访活动全面开始，为了提高效率，队员三至四人一组，分头行动。在家访过程中，我们不但深入了解孩子，同时对孩子的家庭情况进行调查。虽然遇到了极个别家长不理解、不支持的情况，没有接受队员的家访，但家访过程总体比较顺利。在家访中，为了保持"蓝信封"团队的户外活动精神，也为了身体力行做到环保，五公里以下的路程，"蓝信封"队员尽量选择步行。

（三）困难及其解决方案

1. 龙潭桥学校个别老师不理解"蓝信封"活动，质疑批判"蓝信封"的学校活动

项目组成员耐心听取老师的意见后，积极回应，给出了相应的介绍和解释。"蓝信封"学校活动的初衷在于能够更直接地让学生参与进来，了解学生的真实状况与信息，同时也能获取一系列反馈与评价；另外，在尽量不影响学生正常学习的情况下，带给他们快乐的一天，同时树立"蓝信封"的正面形象，属于一种积极宣传。经过交流，老师和队员增进了理解，为日后的通信活动打下良好基础。

2. 崔家桥中学无法给新生组提供活动所需的教室，且当天是中秋节，学校提前放学，活动时间缩短

新生组根据崔家桥的特殊情况提前一晚重新制定活动策

划，对之前的活动环节进行调整删改，另一方面和老生组协商好教室的使用问题。老生组加快活动进度，尽早把教室让出来供新生组在需要教室的活动环节时使用。最终经过协调，新生组和老生组的活动都顺利进行。由于调整了部分活动，时间问题得以解决，新生组的访谈活动同样顺利展开。

3. 后勤组出现没有带全物资的现象，如团培游戏中报纸数量不足、忘记带新生组通信地图等

及时向学校老师借到了报纸，使报纸数量不足的问题得以解决。而忘记带新生组通信地图，导致学生无法按照计划填写地图，最后改为黑板抢答，也达到了让孩子熟悉通信流程的目的。后勤组的疏漏在每日总结大会中受到特别重视，后勤组认识到失误后及时改正，学校活动最终也算顺利进行。

三、项目特色

（一）创新性

采取写信这一方式，让远在湖南汉寿县的留守儿童有机会和大学生进行一对一的交流。在多期"蓝信封"队员的努力下，这一有创意的想法已经成为现实，现在整个项目模型已经成熟。今后我们可以在保证项目效果的基础上，再做一些创新性尝试，保持项目的活力并且提升项目的效果。

（二）持久性

写信本身的特殊形式决定了项目的持久性。与支教活动通

第八章　可持续发展的大学生优秀公益项目案例

常几个月的周期不同,我们一对一通信活动至少要坚持一年以上,对志愿者和留守儿童的要求都是如此。因为只有这样长期的交流,留守儿童和大学生们才可能培养足够的信任并且建立友谊,互相产生影响。这是一个温暖持久的分享过程,在这个过程中,留守儿童可以收获被陪伴的幸福、被倾听的感动。而大学生们也在和留守儿童的交流中重新审视自己,获得成长。

（三）可推广性

对于留守儿童,该项目可开拓新项目地,并对其进行实地考察;对原有项目地采用通过已结对儿童介绍的方式。对于"蓝信封"大使,新生"蓝信封"大使招募重点放在每学年初的社团招新;对高年级和研究生同学主要采用网络宣传方式;大使通过自身的感受体会,介绍身边适合的同学加入通信大使队伍。对于发展合作高校也具备推广前景,目前"蓝信封"已经走进了中山大学的四个校区、广东外语外贸大学大学城校区和华南师范大学石牌校区。我们在努力将其推广到广东乃至全国的更多高校。

（四）影响深远

对于帮扶的留守儿童,因为有了倾诉对象,能在温暖的关怀中积极看待生活,同时得到学习和生活上的一些指引,排除一些困扰和迷惑;在活动中也开阔了视野,增加了与同伴的交流。对于高校的通信大使,在与留守儿童的通信、交流过程中,不断重新思考自己、审视自己的人生,使自己能够积极乐观地对待生活,同时增强了分析问题、解决问题的能力,真正做到共同成长,达到"同一片蓝天下,我们共同成长"的宗旨;对于学校、社会,积极进行活动的相关宣传,通过自身行动和影响力促进社会各方面对留守儿童问题的关注,使得更多的社会公益团体或个人加入到关爱留守儿童的活动中。

(五)团队优势

"蓝信封"采取的是团队发展的模式,并由团队来管理项目运行。"蓝信封"正在致力于建立一个学习型团队,在"蓝信封"BBS上互享公益学习的资讯,建立内部交流平台,面对"蓝信封"项目组成员招募核心成员,提倡主动学习、共享学习。

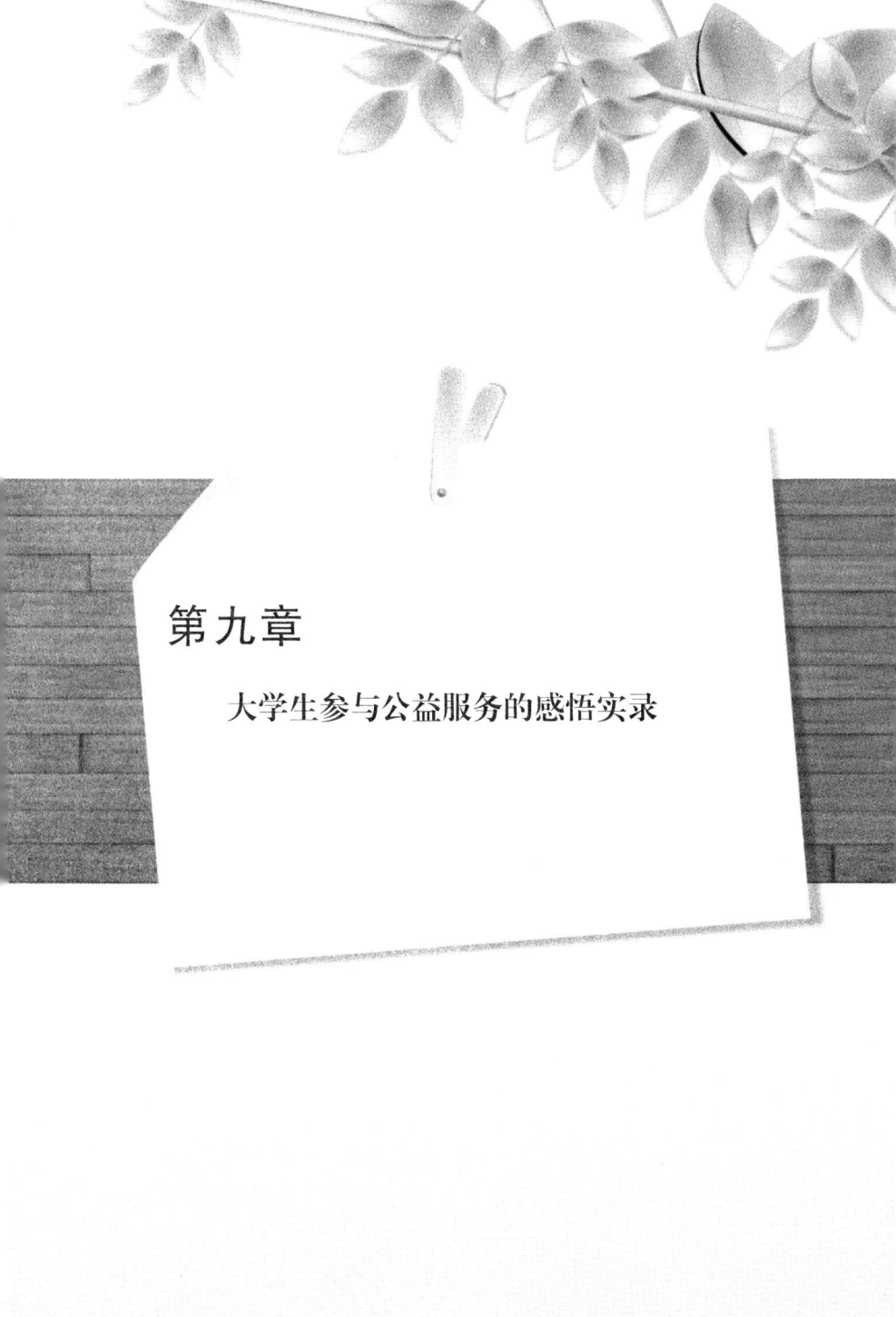

第九章

大学生参与公益服务的感悟实录

第九章 大学生参与公益服务的感悟实录

大学生公益服务是具体的、生动的,公益实践活动有助于大学生将利他主义和公共精神内化为个体的品性。大学生公益服务有利于丰富个人体验,提高自身综合素质,完善世界观、人生观和价值观,促成大学生把个人理想和社会服务有机结合起来。务实、高效的公益服务不仅可以为服务对象带来改变,也有助于善的价值在社会公共层面的彰显。

第一节 丰富阅历体验

立足校园、辐射社区、面向社会的公益活动有助于大学生深入社会,了解民意。通过帮助社会中有需要的个人或群体,能够激发大学生服务社群、改善社会的积极性、主动性和创造性,在更大程度上丰富了大学生的人生阅历。

感悟一 陈虹宇:一次成长的机会

我们总是在自己制造的慌乱中迫切地寻找一块净土。初入大学,青春的锋芒渐渐消亡在键盘和鼠标上,浮躁又让我们渐渐丢失掉青春那股劲而无奈地被生活同化。不甘于这般平庸,于是我开始试着去寻找路途上曾经遗失的美好。

我们整个团队一起跨出校园走向居民社区,去做生活大百科公益活动。起初,我就是想着借这次出去做活动的机会感受广州这个异地他乡的风土人情,顺便也放松一下心情。然而,生活大百科给我的感触却是更深刻的。在向那些老人讲解垃圾分类时,他们听得可认真了,硬是要把垃圾分类的游戏完全做正确了才离开，他们脸上露出的认真、思虑的表情让我感触良多。在急救部分，一位老爷爷努力用不熟练的普通话和我们的志愿者聊了起来，讲述他腿上的风湿和颈椎疼痛的病因，还说起曾经怎样驱寒止痛。感谢我们提供的平时养生的一些小技巧，临走的时候拿着我们送的小奖品，那种满足感感染了现场每一个人。就是在这样心与心的交流中，我明白了，人一辈子虽然是从幼年到青年到老年、从稚嫩到成熟到看透人生，然而心智却是由纯洁到复杂再到纯洁，老人和小孩其实是一样的，他们需要陪伴，需要倾听。

在开始这个活动之前，我们做了充分的准备，只是希望自己能够流利而又准确地向居民传播一些具有科学依据的生活小常识，我们自信满满。然而我们不知道，其实这些老年人自己也积累了许多生活小绝招。我们常常将自己淹没在自我的世界里，往往就容易忘记人与人之间最纯洁最美丽的交流方式，同时又缺少对人性的思考。在抱怨生活单一、无奈的同时，很少将自己置身于人群中去体会那份来自心灵的感动。我觉得，公益活动不仅仅是为社会的和谐和人类的美好生活而向大众提供了帮助与服务，更重要的是提供给志愿者一次感受人情、思考人性的机会，使其从中受益，不断成长。

感悟二　张潇：心灵的养料

《大同》篇中那句"使老有所终，壮有所用，幼有所长，矜寡孤独废疾皆有所养"得到孙中山先生的认同，他把"老有所终"置于一个和谐、健康社会的首要位置。

第九章　大学生参与公益服务的感悟实录

爱是相互的。就像老人给予晚辈们庇护与疼惜，我们反馈给他们关爱与耐心也本是理所应当的事。老人们经历了人生的大起大伏、百转千回，心中早该静如止水、豁达淡然，但没有爱与陪伴，他们还是会在孤独与压抑中脆弱得不堪一击。所以，经过了这一学期去敬老院探望老人，我觉得，"敬老爱老"相比其他志愿活动，虽然不那么引人注目、花样翻新，却最能给需要陪伴和关爱的群体最直接、最实在、最深切的帮助。

俗话说"家有一老，如有一宝"，但也有另外一句"久病床前无孝子"。当下每日的新闻，常常有关于老人因子女外出务工成为"留守老人"的报道。更有甚者，子女良心泯灭，拒绝赡养老人，甚至在老人健在之时就觊觎老人的财产。想到、看到这些我就感到痛心、恐慌，不禁会想，若干年后，自己老了会不会也是这么一番光景……

就像很多小孩子喜欢与爷爷奶奶、姥姥姥爷黏在一起，其实爱老之心，人皆有之。面对一个孤独体弱的老人，正常人都会有真挚的悲悯之心。也许正因如此，我才会喜欢和敬老院那些完全陌生的老人在一起的感觉。即便他们身体的残障起初会让我惧怕、想远离，即便语言不通，每次只能相对而笑，但心中还是不自觉地想与他们接近。就算只是聊天、吃水果、做饭、表演节目、打扫庭院，但那份别处得不来的宁静与感动也总如心灵养料，让我获益匪浅。

感悟三 刘嘉雯：读懂这个世界

童年是每个孩子最快乐的时光，是我们一生中最轻松愉快的年华。我的童年，在父母和众多亲戚朋友的陪伴下度过，每逢佳节都与家人欢聚一堂，吃着香喷喷的饭菜。然而，有这样一群孩子，他们因为生理缺陷，失去听力，不能与正常人沟通交流。为了让他们更好地融入社会，为了缩小他们与正常人之间的差距，他们从小就被父母送到聋儿语训中心接受教育。

我们时常去芳村聋哑语训中心看望这些小朋友们，教他们读书写字，陪他们游戏画画，和他们进行口语交流，帮助他们矫正语音，也让他们更多地与我们接触，打开他们不愿交流的心扉。在帮助他们的同时，我们也感到很激动——因为我们用自己的力量帮助到了他们。

在这几次探访的相处中，我们发现，除了在语言方面有些缺陷之外，其实这些小朋友跟正常人没什么区别。他们也会好奇，也会对这个未知的世界充满疑惑，他们也会天真地问我们"为什么长颈鹿的脖子那么长？"、"为什么地铁要在地底下开？"他们的求知欲不比我们差，他们和我们小时候一样，也会对身边好奇的事物"打破砂锅问到底"，甚至他们之中的一些人学习能力几乎和正常的孩子一样。

有两位小朋友的算数特别厉害。作为大班的学生，在1～20的加减法运算中，他们表现得特别突出，基本上是志愿者刚在黑板上列出题目，他们就能运算出答案。而另一位小男生，他平时考试在成绩方面或许不太突出，但却是个名副其实的好奇宝宝，是个聪明的孩子，他问一位志愿者："动物为什么会有宝宝呢？为什么我看不见宝宝呢？"当别的小朋友跟志愿者玩游戏、拼拼图、堆积木的时候，他总会拉着志愿者的手到一边去看书，偶尔会拿出七巧板拼出一些精美的图案。我记得上次看到他在玩不规则图形，发现他用了不同的方法拼凑出了金字塔。在想象力和对图形的敏感度方面，我自认为是比不上他的。

或许这些孩子们在听力方面有些缺陷，在语言表达方面有点障碍，或许他们接受知识的速度会比正常人缓慢，但他们的思维却在老师的教导下日益精密、成熟。他们在用他们独特的方式融入社会，他们在努力地读懂这个世界，他们在用心地与每一位志愿者交流。我相信，只要他们不懈努力，多接触一些新鲜事物，多开发他们的智力，不久的将来，中国版的海伦·凯勒将会在他们中间诞生！

感悟四　周剑瑜：在参与中收获

虽然并不是第一次参与志愿服务，但与生活无法自理的人相处，这还是第一次。紧张中夹杂着一丝好奇，我踏上了这次的"白云之行"。

在这次活动中，我们接触了生活无法自理的老人们。他们大多是由于疾病或其后遗症而无法自由活动。由于没有办法很好地控制自己的身体进行活动，老人们甚至无法自己修剪指甲。所以，我们的第一个任务就是帮助老人家剪指甲。平日看似简单的事情此刻却觉得难以下手，由于担心伤了老人，每一下都是小心翼翼的。但是过了一会儿，连开口说话都很困难的老人竟然主动地把手指移向了我们。她是很努力地想让我们可以更方便一点。那小小的动作，那轻微的移动，却感觉到她是如此用心，忽然很感动。此前我一直觉得，这样偶尔一次志愿活动能做什么呢？可是那一刻，看见老人缓慢伸展开的手指和她真诚的微笑，忽然明白了这个活动的意义。

其实我们能帮忙的就只是剪指甲或是擦窗户而已。可是有位老人却跟我们说："你们来了就很好了。"听他这么说就很想继续再跟他多聊聊天。问起老人的家人，老人很高兴地跟我们说起了他出生没多久的孙女，指给我们看他珍藏在抽屉里的孙女的照片。离开前还特意问我照片放回去了没有，我告诉他已经把照片放回原处了，他这才露出安心的笑容跟我们道别。我想老人一定很想念自己的孙女。

跟这些老人们接触的时候，会很自然地想到自己的爷爷奶奶。剪指甲的时候，负责人告诉我们，就想着是在给你们的爷爷奶奶剪指甲就好了，不用害怕或有疏离感。其实，我还没有给爷爷奶奶剪过指甲，长大以后连话都很少跟他们说了。这是不是我们年轻人的通病呢？拥有健康和家人的时候会把一切视作理所当然。就像空气一样，拥有的时候不甚在意，失去了的时候痛苦无比。

这次的"白云之行"，让我目睹了真正的"老去"和"病去"。在没有真正接触时总是可以轻描淡写——生老病死，纵是谁都不能逃过的事情罢了，实际上真正面对时却感到极大的震撼。

第九章 大学生参与公益服务的感悟实录

这次"白云之行",我不仅接触了因生病无法自理的老人,还见到了一位脑瘫的年轻姑娘。她才二十多岁,却因为脑瘫,连一句话都无法顺畅说出。我很努力地尝试跟她交流,却实在无法听懂她想说的话。但我知道她能听懂我说什么,她大概也猜出来我并没有听懂她的话吧,在我沉默的时候她会多次重复,想要努力把话说清楚。她始终是微笑的,微笑着回答,微笑着重复。最后,微笑着跟我说再见。我想,不幸在坚强面前又算什么呢?

参加志愿者活动与其说是去付出,不如说是去收获。这次的"白云之行"对我来说,是一次十分难忘的经历和一份相当宝贵的经验,给我的最大感触是:好好珍惜拥有,珍惜家人、珍惜健康。

感悟五 陈敏怡:在服务中收获

公益是什么?在接触自闭症孩子之前,我一直认为是给予。然而,当真正接触到他们,我才发现,原来公益是给予,更是收获。我想帮助那群孩子,给予他们爱。到最后,却发现,我更多地帮助了自己。我帮助自己更加了解爱这个词,帮助自己更加懂得珍惜。

我永远不会忘记当初和会长的那番对话,他谈到自己孩子时总是无比自豪。他说,如果不是因为我的孩子,我永远也不会想到,我会那么有耐心和恒心。那是一种潜能,如果不是遭遇什么事情,你无法想象这种潜能到底能大到什么程度。在这之前,我甚至都在考虑和会长说话的时候是不是要小心避开

"自闭症"这个词。在我的认知中,那可能是对会长的一种伤害。然而,真正接触之后才发现,原来那一切只是我自己的庸人自扰。这些词,在真正充满爱的人的心中,只是一些再简单不过的词而已。

那一刻,我突然庆幸我选择了这个项目——一个真正有爱的项目。在和那群孩子接触,在和那些家庭接触的时候,我的收获远远多于我的付出。我从家长眼中看到了乐观,看到了坚强;从孩子眼中看到了纯净,看到了真诚。这些恰恰净化了已被世俗磨砺得有些麻木的心。

这些东西,我看到了,可是,社会上的很多人还没有看到。他们不知道什么是自闭症,所以,当他们看到自闭症孩子有些奇怪的动作,当他们听到自闭症孩子或许特殊的音调的时候,他们会投去好奇的目光。他们不清楚到底什么是自闭症,他们认为这是智力发展不健全。面对因为不了解而产生的问题或偏见,我想,如果能充分了解自闭症,或者起码知道自闭症是什么,或许就不会有那么多异样的眼光。于是,我们想到了分享。我们希望把我们看到的、所做的分享出来。通过我们的分享,把爱传递开来。

感悟六　黄杏瑜:让公益变成习惯

大学之前的时光,全都奉献给了高考,没有机会也没有时间让我考虑并实践公益活动,只能默默想着:考上大学后,一定要好好做公益,不断充实自己的人生,丰富自己的经历!而现在,我似乎已经享受着这种充实的快乐了。

第九章 大学生参与公益服务的感悟实录

加入"凝炬义工队",似乎是我大一最正确的选择之一,因为在这里,我开始慢慢接触并理解公益活动,并拥有更多参与的途径。什么是公益?轰轰烈烈的?备受表扬的?费心费神的?曾经我会这么想,但现在,公益对我来说已经不再是遥不可及的事情,也不是难以完成的任务,而是逐渐成为自己生活的一部分,就像每周的课程一样,成为我的时间表上自然而然的一个安排,从工作任务变成了习惯。

送书回"家"义工活动是我成为志愿者后的第一项工作。记得当初为了完成十几页的活动策划,不知费了多少心血,但这人生的第一份策划,却让我很有成就感;记得当初招募志愿者,和同伴们忙前忙后,就是担心找不到支持我们的志愿者,但一直持续到现在并且越办越好的活动,让我们无比感动;记得每一次带队,会因志愿者积极参与而欢欣,因志愿者工作懈怠而沮丧……不知什么时候,心情会不由自主地随着这份义工活动而转变,因为这里有我们每个人一颗温热的心,有我们美好的期盼,也有我们付出的辛劳与汗水,我们都只带着一个愿望——持续做好。

送书回"家",就是把书放回书架,当初想这个名字,是想让我们的活动更具人情味。的确,这是一项简单枯燥的体力活,时刻考验着志愿者的耐心与坚持,面对一排排的书籍,时间长了就会感到难受,不断重复着同样的步骤:按序号排列书籍、找到对应位置上架、再将放乱的书籍排序……越是简单的工作越是难以坚持。但是,每一次看到清空的书车,看到整齐的书架,看到读者感激的眼神,看到图书馆管理员开心的笑容，这一切似乎都值得。那一刻才发现，原来这么小而简单的事情也是有意义的，原来我们也能为他人做一点力所能及的事情，公益其实就是这么简单。也是从负责图书馆义工活动开始，我真正明白了公益其实不一定要轰轰烈烈，不一定需要我们付出很多，也不一定就会受到夸奖。但这个过程，却是心灵的成长。一点一滴，让我们学会为他人着想，为他人付出，不求什么回报，只求内心充实愉悦。当我们忘却一些功利的东西，全身心地投入公益时，无论多小多简单的事，都会觉得有价值，浮躁的心也会慢慢平静下来。有些东西真的无法用物质衡量，有些付出的时间和精力，会让我们感到内心满足！

第二节 提升动手能力

专业能力，不是仅靠课堂的学习就能获得的，也要在社会实践中进行磨砺。缺乏专业的支撑，大学生公益服务将缺少可持续的驱动力。公益服务将增强大学生的动手能力，使他们把专业知识与公益服务结合起来，将专业知识转化为解决社会问题的生产力，深入挖掘所学专业的社会价值。

感悟一 蔡淑芬：情系红树林

与红树林结缘已一年多了。2012年，我首次踏上珠海市淇澳岛，在这里邂逅了一群可爱的生灵——红树林。最先接触到"红树林"是在高中生物课本上，当时我们知道红树林有防风消浪、促淤保滩、固岸护堤、净化海水和净化空气的生态

第九章 大学生参与公益服务的感悟实录

功能,却从来没有亲眼见过它们。而今,这些普普通通的树木引起我的关注——它们为什么叫红树林?它们的生存状况如何?

(一)一片红树林

红树林是湿地生态系统的一部分,我国的红树林主要分布在海南岛、广西、广东和福建等地。我国红树林分布较广且红树林植物种类较多,但人类的大规模活动导致国内红树林的覆盖面积逐年减少,而这其中很大一部分原因是大多数人对红树林不太了解因而缺乏保护意识。

了解到这个现状后,我们决定在珠海淇澳岛红树林景区开展"情系红树林"志愿活动,通过向游客介绍红树林相关知识,加深游客们对红树林的了解以及保护意识。也由于身外旅游学院的特点,"情系红树林"项目具有较大的专业优势,将专业与公益联系起来,本身就是一件很美好的事情。

(二)一条木栈道

在晴好的周末,沿着略显斑驳的木栈道,观察那一片郁郁葱葱的红树林,享受天然氧吧,的确是个好去处。景区的游客以老年游客和家庭游客为主,这也是我们服务的重点。

红树林知识宣讲是"情系红树林"项目的重头戏。礼貌地上前介绍自己,虽然在心里已经把介绍的话语想象了一遍又一遍,把红树林导游稿诵读了一次又一次,我还是很紧张,生怕被拒绝,担心自己掌握的知识还不够。好在这是一群可亲可敬的游客,每一次的导游和讲解总是出乎意料的成功,我也渐渐有了自信。

有时候会遇到博学的游客,耐心倾听我们的讲解,还会对我们的服务提出一些建议,这也是我不断提高服务水平的动力。有时候会遇到非常热心的游客,跟我们一起讨论红树林的知识,提出很多"奇怪"的问题,还邀请我们加入他们的游玩行列。

(三)一只招潮蟹

劝阻游客伤害景区的生物是一项非常艰巨的工作。在这个特殊的生态系统中存在着多种多样的生物,其中最突出的是招潮蟹。太阳出来后,招潮蟹会一只只爬出洞穴,慵懒地散步,这也给游客提供了极大的诱惑——特别是小孩,总会忍不住抓住它们把玩。

这个时候,我们会赶紧上前,跟游客讲解生物多样性的相关知识,并劝阻他们保护生态平衡。或许是游客们感觉生态平衡离他们太远,保护意识也不强,我们的工作往往收效甚微。这也引发我们的思考,如何切实有效地增强大家的环保意识呢?

(四)一次游园会

红树林知识游园会采用红树林图片展、红树林知识竞答、相关生物知识小游戏的形式开展,在中山大学刮起一股红树林保护旋风。

做公益是快乐的,不管是身,还是心,虽然很辛苦,但都得到一次洗礼和熏陶。环保公益,不是一时的冲动,而是长久的坚持!

感悟二 娉莹:生态进行时

本次"生态文明营"公益实践活动,我们是本着利用我们的专业优势来传递、分享生态学专业知识,给大众科普,让大家不仅能了解我们的学院、专业,也能对大自然产生亲近、热爱的感觉。

首先是"生态王国漫游"系列。这个活动是在中山大学的校本部和大学城校区的摆台活动,摆台的内容分成垃圾分类和生物多样性科普两个方面。我主要负责生物多样性科普部分。我们收集了几十种物种的高清图片和拉丁文学名、形态、习性的介绍,做成精美的"萌物志"海报,在摆台的帐篷下挂出展示,并对前来观看的群众进行解说。

由于生态王国漫游的萌物展系列来自于我之前的班级微博物种科普连载,所以第一次讲解员由我担任。展出当天有许多人都被"生态王国萌物园"展区精美的海报吸引并入内观看,在听解说的过程中也会提出许多很有趣的问题,比如某些动物的某种形态是否跟它们的习性相符合,某些动物的毒性如何,某些植物的拟态特征,等等。生物多样性的展示多是动物,我们希望通过对一些动物的介绍,唤起大众的野生动物保护意识,而本次活动的效果也是很明显的。我们的调查表显示,很多人喜欢我们的生物多样性介绍,也喜欢我们的垃圾分类知识的相关小游戏。

　　这里有个小插曲。有个外国人带着女儿一起来看我们的展示。幸好那位父亲的中文很好，女儿也正在学习中文，不然我真不知道怎么用英语去介绍那些生僻的动物名称。我给他们介绍了所有展示的物种，他们很感兴趣，那位父亲还时不时停下来向女儿解释我说的某些中文的意思。他们对生物多样性产生了很大的兴趣，不时问我一些问题，很细致，很认真。萌物展的终点是另一个帐篷，用不透明的门帘遮住，门帘上写着"最危险的萌物"，掀开门帘进去，走到尽头，是一面镜子。世界上最危险的萌物不是什么凶狠的动物，而是我们人类。我们夺取了很多生物的栖息地，让它们无家可归，它们的种群只好慢慢消亡乃至灭绝。

　　然后是"眨眼·春天生态摄影"系列活动。这个系列活动由生态摄影大赛、讲座和野外分享会组成。我们有幸请到著名自然摄影师程斌老师为我们进行了一次题为"自然而然"的讲座。讲座中，程斌老师用他的不同作品为我们讲解摄影要点以及自然生态的理念。活动地点有点难找，但还是来了好多人，快把教室挤满了。程斌老师的讲座结束后，提问的人很多，问的问题范围包括技术、角度、生态、人文等。

　　当天下午，程斌老师带领大家在中山大学校本部的校园内畅游，发现我们平时忽略的小角落中的美。长枪短炮组成的小队，或簇拥着或散开，或蹲着或仰头，形成了一道靓丽的风景线。当天同学们拍摄了很多照片，重新认识了中大这座充满历史气息的校园，感受到了浓重的人文与生态自然相结合的气息，参与的同学觉得受益匪浅，发了好多微博表示感谢。

总的来说，我感到生态公益对专业要求要更高些，而我们的专业性正好能得到体现。在整个活动过程中，我们通过和自然大学这个非政府组织合作，通过与程斌老师的交流，学到了课堂上没有学到的东西。

感悟三　辜为怀：小牙齿大公益

（一）公益前奏曲

记得上口腔医学导论课的时候，老师讲到我国儿童口腔的情况。我国学龄前儿童龋齿患病情况堪忧，龋齿患病率高达66%，而广东省的龋齿病发病率是最高的，小朋友一张嘴就是满口蛀牙的情况在老师们的诊室并不少见。老师也给我们分析了小朋友龋齿多发的原因：①很多小朋友在乳牙萌出后没有养成刷牙习惯或者刷牙的方法不对；②缺乏家长的引导，很多家长本身对口腔知识了解有限，以为小孩子会换牙，乳牙烂了没多大关系，不需要那么早就刷牙，错过了孩子应该开始刷牙的时机；③不良的饮食习惯，很多小朋友爱吃甜食，且吃完后没有及时漱口刷牙。广东人特殊的饮食习惯对孩子的牙齿健康影响很大，因为广东人嗜甜，经常喝糖水，在出门的时候习惯给孩子们备甘蔗水或者马蹄水。

了解了这些信息后，我和同学们都有很大的触动。如果小朋友从小就懂得正确的刷牙方法，养成饭后漱口、早晚刷牙的习惯，家长能够引导督促小朋友做好口腔清洁卫生习惯，在饮食方面不要给孩子们吃太甜的食品或者让他们吃完甜食后漱口，那么很多龋齿完全可以避免。这样，小朋友们就不用忍受治疗龋齿的痛苦，不用暴露在龋齿引起的其他各种口腔问题的威胁中，国家在这方面的医疗保险投入也将大大减少。龋齿的预防，意义是深远的。不仅有利于病人的身心健康，降低国家的社会福利资金投入的压力，更在这些接受过龋齿预防措施的人群中种下种子，对自己和家人、朋友形成辐射状影响。国民的口腔保健意识得到提高，预防宣传工作量能呈指数降低，医护工作人员的工作量也能降低。

了解了这些，便想为口腔儿童龋齿预防宣传出一份绵薄之力。做公益有助于我们融入社会，做与专业对口的公益更是我们一次宝贵的学习和实践机会。在指导老师的建议下，我们满怀热情地投入到针对儿童龋齿这种社会问题的公益活动的策划和组织中。

（二）公益进行时

伴着四月明媚的阳光，我们来到中山大学南校区附属幼儿园。眼前可爱天真的孩子，无论是唱《刷牙歌》，还是玩游戏，无论是学刷牙，还是看牙，他们总是无邪地笑着，总是充满活力，小小的身体似乎蕴藏着无限的能量。而他们回答问题时把手举得高高的认真神态，玩游戏时的守秩序，对待长辈的礼貌举止更是让我们印象深刻。我们也在反省中，我们有没有因为年岁的增长而忘记儿时那份对生命的认真，那份对纪律的敬畏，那份对他人的友善。

第九章 大学生参与公益服务的感悟实录

在活动过程中,我们不断加深对公益服务意义的认识。在知识竞猜环节,对"人一生中换几次牙齿"的问题,孩子们的答案花样百出,有三次的、两次的、四次的、六次的……可见小朋友对口腔知识了解甚少。而我们在义诊中也发现了许多小朋友已经患有蛀牙。在刷牙示教环节,我们看到有些小朋友拿着我们分发的牙刷很不习惯,估计平时没怎么刷牙,而对如何正确刷牙更是一问三不知。小朋友们在我们的指导下,慢慢地学会了正确刷牙,并且了解保护牙齿的重要性,我们的内心无比欣慰。我们慢慢地感受到靠着自己微薄的力量,改善别人的生活,促进社会一点点进步,自我价值得到体现的时刻是多么幸福。不由让人想起高尔基的一句名言——给予,永远比索取更让人幸福。

(三) 公益将来时

这次公益活动让我了解了儿童口腔的情况,加深了对专业的了解,也了解了儿童这一社会群体的特点,这应该会成为以后走上工作岗位的经验。在这次的活动策划和组织方面,我也收获颇丰。一方面,我渐渐学会与周围的人合作,认识到团队合作的重要性,意识到对搭档的信任是共同完成活动的重要条件。另一方面,我明白了提前做好准备是很重要的,只有及早做好准备,才能从容应对突发情况。更多收获在不经意间获得,或许在联系幼儿园老师的时候,或许在鼓励同学们积极参与的过程中,或许在与老师和师兄师姐的沟通中,这些看起来琐碎的事情其实给了我很多特别的体验。我们不会让公益成为过去时，而是凭着对专业知识的逐步深入，一点点地扩大力所能及的范围，帮助更多的人，为社会做多点事。

感悟四　郑艺宜：善之交通

从来到中山大学东校区开始，我每天都经过中环东路和中二横路的交叉口。我一开始为行人闯红灯现象的泛滥感到迷惑，但后来也逐渐习惯了。大家都是趁没人的时候才闯红灯，加上大学城的车很少，基本上没什么危险。闯红灯能节省过多的等待时间，而走行人天桥花费的时间更多，因而天桥形如虚设。

不单是闯红灯的现象泛滥，我还发现了中二横路的入口处水管经常爆裂，臭水横流，人行道的地砖翘起了不少，又臭又不好走。那里有一个广告牌，挡住了支路右转车辆驾驶员的视线，也挡住了过马路学生的视线，两者很容易相遇发生危险。每到高峰时间，过马路的人和自行车走在一起，颇为混乱……

我未来的四年大学生活都在东校区渡过，而且我作为一名交通工程的学生，难道要一直忍受这一切而不去改变它吗？

于是我们组建了一个小团队，立志改善这个路口的交通状况。中山大学亚德客公益项目是一个很好的契机。起初，我们是希望引导同学们走人行天桥，因为这是最最安全的过马路方式。但是经我们调查发现，大部分同学都不愿意走这座人行天桥，原因是绕路浪费时间。经何兆成老师指导，我们明白了行人闯红灯的重要原因是交通信号的设置不合理。通过查阅相关的资料，我们了解到信号配时是根据韦伯斯特的延误模型，其基本原则是使汽车的总延误最少。我们不禁思考这个路口的行人这么多,车流这么少,它的信号配时应该是行人的延误最少才合理。于是我们制定详细的方案来对这个交叉口的延误进行调查。

传统的调查方法是安排人员在路口进行计数调查,这样花费的人力较多。我们想到了用视频拍摄方法,将整个路口的交通状况拍摄下来。于是,我们找到最佳的拍摄地点——明德园一号的楼顶。最后获得了较多有用的视频。根据视频,我们把行人和汽车的延误都算出来了,确定了一个合理的配时方案,并使用交通仿真软件进行模拟。其实我们统计出来的数据还可以做更多的调查研究,希望接下来的时间能把这些数据应用好,对这个交叉口从更多方面进行客观评价,找出各种问题的原因和解决方法。

这次活动,我获益良多。我为自己感到骄傲,能运用所学知识改善我生活的周围环境。创建一个文明的交叉路口是我们的目标,为此,我们会继续奋斗!

第三节 增强责任意识

公益服务是一种积极主动参与社会生活和公共事务的行动,这种利他行为源自于对社会价值的认同。无论是帮扶贫困、恤孤助残、支教扫盲、社区建设、环境保护,还是抢险救灾,都是增进公共利益的行动。大学生通过无私奉献,浸润于公益服务氛围之中,有利于进一步增强他们的社会责任感。

感悟一　吴嘉成：公益不是坐而论道

作为一个志愿者，我原来只是偶尔参加公益活动，自从和志同道合的朋友组队去建立和运行一个公益项目，我对公益有了更多的关注和思考。从我们的项目出发，放眼当今中国公益慈善，我们不难发现：这是中国公益的新时代。立足珠海，我们看到充满活力的志愿者公益服务系统；放眼全国，我们发现公益事业的发展进程也让人鼓舞。无论是从身边做起的"日行一善"，还是救灾抢险，我们发现当今中国慈善公益事业跨界合作、社会共治的特点在不断加强。政府部门、非政府组织、企业和广大志愿者也在通力合作，推动中国进入公益慈善新阶段。

其中，日益壮大的高校志愿者群体的作用与地位都不容忽视。大学生作为当今中国社会的新生力量，大都对社会保持着一种敏感与期待，并且对社会与生活有直接的观察与体验，因此在社会公益活动方面有一定的优势。他们或加入各种官方机构和非政府组织，成为其中最活跃的血液；或者自己举办活动、成立小型组织，以高校为点开始向外辐射，深入周边社区、城市乃至于偏远山区。凭借更专注细致的目标、更新鲜的视角和更持久的动力，大学生成为中国公益慈善体系的一支重要力量。

从立项、组织、执行到总结，我们不断在反思，但始终围绕这样一些问题：周边社区最需要的公益服务是什么？我们应该如何活动才能更好地服务群众？回首来时路，我们在赞誉和

第九章 大学生参与公益服务的感悟实录

自我批评中一步一步成长。在取得患者的信任问题上，我们要求志愿者穿戴志愿者服和吊牌，并在服务前主动介绍自己，同时我们也主动和中山大学附属第五医院的工作人员协商，请他们在医院显眼处张贴关于我们活动的声明。几个月过去，我们的导诊志愿者成为该院门诊部大楼备受患者和医护人员好评的群体。另外，我们不断根据受助者的反馈调整服务形式和规模。我们根据五院反馈的人流变化，适时调整参加导诊的志愿者人数。在儿科方面，我们的志愿者在探访和陪护的同时，也适当向小朋友介绍历史、地理等知识，也会对一些因病暂时无法返回学校的小朋友进行课业辅导；在社区义教方面，由于居民的口耳相传，参与义教的小朋友越来越多，我们也相应扩招了志愿者。总的来说，为了真正做到更好地服务周边群众，我们保持着灵活的服务方式。那些来自病人及其家属、医生护士，后环社区的老人、家长和学生，以及居委会的一句句感谢、一个个微笑便是对我们最大的肯定。

我时常会想，中国公益慈善的发展方向是什么？就社区服务而言，更全面、更体贴、更系统的服务便是它的方向之一。就是因为预见与顾及这一点，我们队伍在策划这次活动时坚持把后环社区的探访、义教和中大五院的导诊、探访与陪护有机结合在一起。我们倾尽努力去构建这样的一个服务体系：它关注和照顾周边居民多方面的生活和需要，以温情服务为招牌，切实让居民的生活更美好。这个体系还注重发挥高校在促进周边社区和谐生活建设中的推动作用，培养和鼓动社会上最具有热情的大学生去回馈社会。公益的意义和本质从来都不是坐着讨论出来的,而需要我们每个有心人走进社区、走近群众。作为志愿者和中大学子,我们每个人都将继续在社区公益服务之路上继续探索前行。

感悟二 童璧:我们的团队不会放弃

大吉沙岛,这个广州黄埔水域的江心小岛,因为人少、交通不便、经济落后,似乎逐渐被人们忽略了。

这个岛上只有几十户人家,岛上的交通条件限制了它的经济发展,而后者又极大地限制了年青一代的成长教育。岛上没有学校,孩子上学要提前一个小时以上出发,坐船加步行才能到学校。岛上只有老人和孩子,孩子的父母都去外面打工了,而老人还经常要为田里的农作物奔波。岛上没有电脑,只有几台信号极差的老旧电视机,甚至连新闻都不能收到。以上因素都极大地限制了孩子们的教育,他们只能和其他小朋友玩,他们在岛上学到的东西基本上都来自其他小朋友,没有父母的谆谆教诲,没有老师的精心指导,甚至连获取新闻资讯的渠道都欠缺。所以,作为这支志愿者队伍的队长,我为团队选择了大吉沙。我们希望在这次活动中,可以给他们带来的不仅仅是学习上的帮助,还有更多的东西,可以在和他们一起玩耍、聊天的时候"灌输"给他们,而这些东西就是我们自己的人生经历、我们的所思所想。这些东西不要求他们全部接受,但要求他们用心思考,只有当他们这年轻的一代真正开始思考时,大吉沙的明天才有希望。

虽然抱着如此美好的想法和目标,但是实现起来却是有相

第九章 大学生参与公益服务的感悟实录

当的难度，不是几次活动就能做到的。在前几次活动中还好，小朋友比较配合，在我们辅导的时候学习也比较认真。但是慢慢地，课业辅导的时间逐渐变得少了，更多的时间花在辅导后和他们一起互动娱乐上。终于，有机会了。在最近一次辅导结束后，我对小朋友们说："哥哥姐姐来了这么久还没看过整个岛的样子呢，你们带我们去看看怎么样啊？"他们很愉快地答应了。关系在这次游岛的过程中出现了转机，我们几个人分别用自己身边或是自己的事例去和小朋友聊天，希望可以影响他们。结果也的确是这样。有人用自己中考失利要多交择校费的故事来和小朋友聊天，受到了小朋友的取笑。但是，他说你们以后会不会这样啊，面对这样的嘲讽，小朋友自然就不服气了。就这么简单的一次游岛、一次经历交流、一次激将法，我们就成功地把话题引到了学习上。功夫不负有心人，在当天返程时，我收到了阿坚小朋友的短信，只有"谢谢"两个字。像阿坚这种大大咧咧的孩子竟然还会发这样的短信，也许我们的确影响到了他们一点。但是，我不想只是影响到他们"一点"，大吉沙已被人们遗忘了很久，我们不希望我们的到来只是个慰问式的短暂性、表面性作用，我想影响他们，由他们来改变整个岛。要达到这样的目标，活动必须是长期持续的。

说实话，这是我第一次参加志愿者队伍，也是第一次以队长的身份带领整个志愿者团队。在这个活动过程中，我们有喜有苦，我们会因为小朋友多记一个单词、多背一首诗而感到开心，也会因为小朋友学习不专注而苦恼。现在想一下，这些不都是以前我们父母、老师所经历的过程么？他们一直都在为我们着想,默默地付出。现在,尽管我们的能力还很有限,能做的还不多,但是我们希望奉献社会,我们希望能做大吉沙岛上那些孩子的老师,教他们知识,教他们人生道理,我们希望能做他们的朋友,用自己的经历、行为去影响他们,希望他们将来能通过自己的力量改变自己的生活!

感悟三 苏琳:公益传递正能量

对于现代大学生来说,参加公益活动有助于我们了解社会、认识国情、增长才干和奉献社会。作为一名入党积极分子,很高兴能够参加这次亚德客公益实践活动,在这次大东街社区公益活动中,我也体会到了公益所传递的正能量。

首先,我在这次活动中深刻体会到了"人人为我,我为人人"的精神。通过和他人的接触、交流,以及个人与群体之间的互动关系,我体会到了帮助别人的成就和被帮助时的感激。义教是我最开心的时候,当我看到孩子明亮的眼睛里充满对知识的渴求时,我觉得我做的事十分有意义。我想,当我们用心给他们讲授知识时,他们对这个社会是感激的,我们用自己的爱感染了他们,而他们明天可能会用更多的爱回报给我们、回报给社会。只有积极地投入社会实践,我们才能真正地帮助那些需要帮助的人,而在帮助他们的过程中,我们也可以更好地磨砺自己,提升自己的社会价值。

其次,通过这次亚德客公益活动,我更加培养了自己勤俭节约、吃苦耐劳的传统精神品质。古语有云:"天将降大任于斯人也,必先苦其心志,劳其筋骨,饿其体肤。"其实这就是

第九章 大学生参与公益服务的感悟实录

为了锻炼人的坚强意志，培养人们勤劳节俭的高尚品质。现在我们过着衣食无忧的生活，但这些都是我们的父母给予的。当我们和同学出去吃大餐的时候，我们是否想过在遥远的山区里有一群儿童正在吃昨天剩下的馒头？当我们买的衣服把衣柜都堆满的时候，我们是否想过就在离我们不远的街头有一位老人正在为她和老伴的温饱担忧？在大东街社区，我看到公益面包店可以为很多需要帮助的人提供食物。我想，不管是企业还是个人，只要我们减少"舌尖上的浪费"，为他们提供一点点的帮助，他们就可以感受到无尽的温暖。

最后，在探访孤寡老人的过程中，我感受到了我们作为新时代建设者的责任。众所周知，人口老龄化已经成为中国在新时代面临的一个不可回避的问题。越来越多的老人不是缺乏物质上的享受，更多的是缺乏精神世界的享受。很多老人看起来乐观开朗，但是实际上他们内心深处却无时无刻不充满着孤独，渴望家的温暖。在大东街，我们并没有真正去老人家里看望他们，只是通过电话和他们进行了非常简单的交流。对于处于晚年的他们来说，能和别人聊聊天，回忆年轻时的生活也是一种幸福。其实，在我们身边有很多这样的老人，当我们通过自己的努力给他们带去快乐的同时，我们自己的内心也会平添许多愉悦。我们应该坚持去慰问需要帮助的老人们，让身边的老人，不再感觉孤单。

感悟四　钮则圳：收获不一样的感动

公益，是一个可小可大的话题，是我们大学生成长的助推剂。光阴荏苒，回首投身"爱在社区，情系五院"系列公益活动这段日子，我逐步明白了"为善"的真正含义。

（一）邂逅小天使

作为"情系五院"的子活动"儿科献爱"活动的负责人，初初接到这个任务，我倍感压力与彷徨。经过多次耐心细致的走访及与院方负责老师的交流，我发现我最初的担心完全是多余的。在五院儿科住院的儿童们虽然年龄不一、性格各异，但是在住院时最需要的其实就是我们这些大哥哥、大姐姐可以与他们贴心交流，缓解他们打针前的恐惧及久卧病榻的寂寞，需要我们这些来自象牙塔的学子们为他们带去知识，与他们一道构筑梦想，需要我们这些可以理解他们心声的志愿者来与他们共欢笑、渡难关。

乐乐是我在做活动时遇到的第一个小朋友，他只有两岁多，却活泼外向，像一个小天使。他的母亲那个下午要往返于住院部和门诊楼之间，无暇照顾他，我就成了他的"临时看护人"。拿出拼图，取出七巧板，我们就开始了"浩大的"工程。虽然他有时连自己的意思也难以表述清楚，却非常富有耐心，坐在我的腿上，很快就在我的帮助下依次用七巧板拼出了从一到九每个数字，每次拼完，他都会回过头来对我会心地笑。"征服"了七巧板以后，我们开始了艰难的长征——拼世界地图。虽然他不认识任何汉字，仅仅是靠随机的图案边缘拼接来努力拼凑，他却以小朋友少有的执着和耐心一遍遍尝试着，甚至在我帮助他时他还开心地说："哥哥好厉害啊。"每

第九章 大学生参与公益服务的感悟实录

当我们拼完一个大洲，我都会告诉他这个大洲的名字，虽然他的口齿还不是非常清楚，但是依旧很耐心地配合着我的"地理教学"。到了傍晚他母亲回来的时候，我们的世界拼图竟然已经初具规模。最让我意想不到的是，当我起身告别时，乐乐竟然死死地拉住我的手，大声哭泣，叫嚷着："哥哥别走，哥哥别走。"那明亮的眸子中立即泛出了泪花，这让我一时无所适从。安慰了他半个小时，答应他过几天再来陪他玩，他才依依不舍地"放"了我。结束了这第一次"儿科献爱"的公益活动，我不仅收获了这份快乐，更收获了继续努力搞好公益活动的信心。

小敏是这两个月我在儿科进行公益活动时印象最深的一个孩子。她今年11岁，几年前随父母来到珠海，因为腿部摔伤住院。她听说我是来自中大的志愿者，立即挣扎着从床上坐起来，急切地问我："哥哥，我现在是全班第一名，我最想今后去中山大学读书了，我，我行么？"看着她那双渴求而又带有童真的双眼，我的心灵一下子被震撼了，我说："你真棒！只要你这样努力下去，一定可以的！"更让我感动的是，她在生病期间还一直努力自学功课，一个下午的活动时间，她一直询问我学习中遇到的各种问题，在我一一解答之后，她的脸上泛出了满足的笑容，那是一种我许久没有见过的笑容。是啊，我们这个年纪，似乎已经缺少了对知识那种源于内心的渴求，我们多多少少都被世俗与功利心蒙蔽了双眼。其实，对知识这种不懈的、发自初心的追求，才是我们读书治学的汩汩源泉啊！在下午结束活动的时候，我和小敏说："哥哥期待着十年后在中大看到你。"

一个学期的儿科活动,不仅让我感受到了孩子们的童真童趣,更是被他们身处病痛中所展示出的那种乐观向上的正能量所深深震撼。

(二) 义教助成长

"爱在社区"之义教活动是我本学期参加的另一项公益活动,义教对象是家住唐家花园的二年级小朋友铭铭。与他初次见面,胖乎乎的脸蛋,调皮的笑容,"坐不住"的性格,让我见识到了他的可爱的同时,也预见到了初次给低年级小朋友做义教的"艰辛"。果然,教着教着加减法,他就被窗外的鸟儿吸引。刚刚背了几个单词,他就开始玩起了手中的铅笔。我只好"恩威并用",装作一脸严肃地教育他好好学习,又在他做对一些数学题目后对他大加夸奖。每周一次的义教是欢乐而又严肃的。带他读《论语》,讲忠恕之道;陪他做数学,数苹果;让他和26个字母"结缘",我才知道了做小学生的启发式教育,对一些基本的数学概念做一些原发性阐释,让8岁的小孩子理解其实并不容易。但是,看到铭铭终于在我的帮助下熟练地掌握了加减乘除法并且迈入了英语学习的大门,我感到了由衷的欣喜。前几天,做完义教准备离开时,铭铭的母亲热情地要往我书包里面塞些水果作为感谢。我腼腆地拒绝了她,因为我觉得,义教让我感受到了发自内心的快乐与充实,我其实也在收获成长。

第九章 大学生参与公益服务的感悟实录

（三）收获不一样的感动

从寒假整个团队的精心准备，一遍又一遍耐心到实地走访，到仲春三月活动如火如荼地开展，再到如今听着夏蝉悠鸣活动结束，这一路走来，我和我的队友既有过被患者家人及住院病人家属误解时的无奈，更收获过受教儿童弄懂问题、住院病人心情舒畅时会心的微笑；既有过繁重的大二课业压力，也有过努力将公益活动做得尽善尽美所产生的巨大压力；更有投身公益活动后，书本知识以外的收获以及因自身成长而带来的喜悦。我们感受到公益活动的真正意义及它给我们带来的快乐，感受到了"纸上得来终觉浅，绝知此事要躬行"、"博施于民而能济众"等圣人古训的真正含义，也感受到"做实事的中大人"这句话的千钧之力。从点滴处做起，从细微处着手，在五院各个科室，在珠海唐家社区的家家户户，我和我的队友就这样收获了成长历程中不一样的感动。

感悟五 霍天鹏：公益人人可做

通过将近一学年的公益活动，我从中获益匪浅，感触颇深。学校把社会作为实践的场所，让我们参与社会，在公益活动的实践中有所收获。一次次的志愿服务，启发我们在公益活动中寻找能使我们受到教育、有所感悟的亮点，引导我们去了解社会、感受社会。更加重要的是，我们拥有了一个可以静下心来审视自己的机会。从知识到能力，我们需要更清楚地正视自己。

大学生公益服务长效机制建设

处于这个时代的我们,对待自我评估和人际关系的处理都有所欠缺。而这些公益活动,使我体会到了集体的力量和自己的不足,这些都促进我努力改正自身缺点,正确认识自己。同时,我们也亲身体会到了人间百态的酸甜苦辣,对于生活、对于社会都有了更进一步的认识。公益活动也同样加强了我们的劳动观念,抵制了轻视劳动和不劳而获思想的侵蚀,避免形成好逸恶劳的坏习惯,帮助我们树立正确的人生观、价值观。

公益活动让我觉得它不仅能造福社会,而且能陶冶我们的情操,美化我们的心灵。为了公共福利而自觉自愿地参加公益,应该是大学生积极态度的重要特征。在传统中,公益往往带着悲壮色彩,很容易让人以为这是一件只有少数具有慈悲心肠的人才能够从事的工作,一件让许多普通人望而却步的事情。通过这次社会公益实践,我感到,许多公益活动,只要举手之劳便可完成,比如绿色环保,比如低碳生活,实践公益的机会一直在我们身边。只要我们愿意,公益人人可做。

感悟六 梁惠敏:爱是一种坚定的给予

2013年4月至5月间,我和其他志愿者参加了两次"绿色新生活"环保宣传的系列活动。虽然每次活动只有短短的几个小时,却给我留下了很多值得思考和体味的东西。

首先,公益实践深化了我对"环保"这个概念的认识。以前我以为不随手丢弃纸屑包装袋,不随意践踏草坪,不浪费水电便是环保。然而经过这两次活动,我发现之前对于"环保"的认识太浅薄。一是因为环保涉及很多方面,例如空气

第九章 大学生参与公益服务的感悟实录

质量、水质量等;二是环保行动其实不只是一个人的行动。健康生活是人们非常关注的一个话题,无论是第一次在花城广场收集路人签名还是在亲子交流活动中宣传环保理念,我发现人们其实很关注这个话题,只是平时能够接触到的关于环保知识的渠道太少,人们接收到的许多信息往往非常传统。例如很多人对于"pH 值"这个概念就很模糊,因此普及环保知识,拓宽宣传渠道迫在眉睫。

对于这两次公益实践活动,我的感受有以下几点:第一,这样的公益活动对于志愿者来说,有利于同学们走出校园、步入社会,了解社会实际情况,体验生活,丰富课余生活。第二,志愿者通过公益活动或多或少地向群众宣传了环保意识,起到了一定的环保宣传作用。第三,这些活动很好地展示了中山大学学子的爱心和社会责任感,也有利于展现我们"90后"大学生吃苦耐劳、担当社会责任的精神风貌。

"艰辛知人生,实践长才干。"通过开展丰富多彩的社会公益实践活动,我逐步了解了社会,开阔了视野,增长了才干,并在实践活动中认清了自己的位置,发现了自己的不足,对自身进行客观评价,这在无形中使我对自己有一个正确的定位。在参加活动的过程中,我常常思考,爱是什么?我想现在我已经有了答案,我觉得,爱是困境中的温暖阳光,爱是一种坚定的给予,爱是一种从心底发出的善良与关爱。

大学生公益服务长效机制建设

第四节　培养团队精神

公益服务不是独角戏，不仅需要助人者与服务对象的良性互动，更需要团队成员之间的相互配合。良好的沟通可以增进团队成员之间的互信，从而产生认同感、归属感，进而增强团队合作。

感悟一　周少锋：一起奋斗的美好

作为"绿色账户"公益实践项目的组织者，我几乎参与了活动的全过程，从策划、选题到实施，经历了许许多多，也收获了感动和成长。

我们活动的主要内容是通过建立"绿色账户"，对参与实施垃圾分类的宿舍的表现进行积分，然后通过积分换取礼品的形式，让同学们积极参与到活动中来，在获得奖励的同时，也增长垃圾分类的知识以及意识。

在活动中，我担任执行组组长的角色，主要负责联系废品收购商，配合其他组安排组员上门回收废品以及对废品进行分类及处理。我们总共上门回收了三次废品，都是每个周五晚上进行上门回收，同时记录各个宿舍的积分情况。周六对所回收的废品进行分类，联系收购商上门收购。此外，还要开会总结情况以及分析经验得失。

执行组干的活是最脏、最累的。每次收集到废品后，我们都得扛着数十斤重的废品上下楼。每次上门回收活动结束时，我们的身上常常夹杂着汗水以及尘土。但是，当自己的努力得到回报时，我们心里还是会有一种莫名的喜悦。这样的活动，累而充实。

当然，活动中难免也遇到挫折。从中我也学到了很多东西。首先，在联系收购商方面，由于双方信息不统一，存在很多的矛盾。比如，第一次开展活动时，由于没有与收购商预约上门收购，导致废品没有及时处理，从而给为我们提供临时摆放空间的宿管带来了不必要的麻烦。因而，在接下来的活动开展中，谨记第一次的经验教训，废品得以按计划处理。

总的来说，参与这次活动，收获颇多。首先，为自己能够服务校区、服务同学感到高兴。同时，我也收获了不少开展活动的经验。比如，第二次开展上门收集废品时，就遇到了问题。由于通知团队成员不够及时，导致有空闲时间的成员人数不足，最后活动不得不推迟。因而，吸取经验，以后开展活动会考虑提前通知，以确保同学有充足的时间来参与活动。

感悟二　谷宁馨：我们能做的比想象的要多

记得我刚踏入中大校园时，就被中大的绿色深深震撼了，延绵的草坪像一条绿色的魔毯，校道两边古树参天。除此之外，还有许多不知名的植物。我想很多人应该跟我有一样的感受吧，邂逅一朵美丽的花却叫不出它的芳名，看到一颗茎上长满刺的树却不知道它为什么要将自己全副武装起来。

为了让更多的人了解中大的一草一木，这学期初我和同学们开启了"名树传情"活动，我们希望通过自己的努力，让中大的植物对于每个行人而言都像一个老朋友，可以在树前停步顿足，叫出它的名字，愉快地打一个招呼。

从前期的树牌设计大赛到确定树牌样式，从联系教授到校园认种，从资金申请到联系厂家，从申请挂牌批准到获得校方支持，就在这些烦琐的工作中，我们离目标越来越接近。五月末，初夏时节，当你再走在校道上时，你将会重新认识路边的每一抹绿色。

在这次活动中，我学到了许多植物学知识，还能叫出它们的名字。同时，我也锻炼了自己的沟通能力。在联系教授时，我们礼貌而真诚地说明来意，获得了教授的大力支持，还得到了教授的拨款赞助，真是让我们喜出望外。在联系学校申请挂牌批准时，开始校方并不支持，担心我们会对植物造成损害。经过努力沟通和一系列科学方案的展示，校方最终同意了我们的申请。

在这次活动中，每个成员协调工作，加强合作，为了共同的目标努力。我们一起烦恼过，一起焦虑过，一起熬过许多夜晚努力工作，一起为了每一个小小的成果欢笑过，感谢这个活动，让我收获了更加深厚的友情。

除此之外，我又见证了努力的力量。开始的时候，我也没有把握自己能做成这样一件大事。但事实证明，我不是一个人在战斗。只要有一群志同道合的人、一个完整周密的计划和一颗坚定不移的心，我们能做的远比自己想象的要多。

第九章　大学生参与公益服务的感悟实录

感悟三　卢月仪：信任的力量

作为"童盟"项目的主要负责人之一，我和我的团队共同经历了项目的发起、项目的执行和最终的结项，我深深感受到运行一个项目所花费的工夫是巨大的，在项目运行的过程中，面对的各种不确定性是难以预料的。但是整个项目运行下来，我们的收获却是巨大的。我相信，经过了项目的运行，我们不仅帮助了小学生，也让志愿者们有所成长。

人自身的特质加上与环境的互动，会对他们的心理造成一定的影响。作为心理学专业的学生，我在大学三年中逐渐学会关心自己和身边人的心理状况。人的心理状况与其所处的环境有很大关系，家庭、同伴关系、社会环境等都会在一定程度上塑造个体的心理和行为模式，从而让他更适应当时所处的环境。而在童年经过一段时间形成的适应性在日后的生活中是不易改变的。因此，有一些人在环境变化很大的时候不能适应，从而产生问题行为。

儿童正处于茁壮成长的阶段，心理可塑性很强，他们能感觉到周围环境的各种细节，并受之影响。每个儿童生活的环境中都会有有益的部分，也会有有害的部分，而造成部分儿童产生一定的行为问题。因此，"童盟"项目志在为儿童增加一个良性的环境刺激，让他们能慢慢适应这个良性的环境，提升灵活处理生活问题的能力。

我感受最深的是项目设计部分。尽管志愿者的选择和培训对项目的展开有着无可替代的重要性，但是我认为，志愿者和小朋友交流的部分是项目最关键的部分。交流是否得当对建立志愿者和受助小朋友之间的信任关系有着非常关键的影响。倘若不能建立这种信任关系，小朋友就不会对志愿者敞开心扉，陪伴对于小朋友来说就没有意义了。

　　为了能让小朋友熟悉和信任志愿者，我们特别注意他们第一次交流的氛围。考虑到小朋友对新鲜事物的好奇心和对成人权威的信任和依赖，我们准备了一些具有心理学投射测验意味的图片和一些小游戏，让志愿者可以主动和小朋友展开对话，让小朋友对志愿者产生良好的印象，从而促进信任关系的建立。

　　在团体辅导中，我们需要考虑的东西就更多了，如团体的氛围、同学之间的熟悉程度、他们讨论的小团体、与授课者的互动等。如何引发小朋友们的思考，如何让他们从故事中学会一些道理，如何让课堂生动有趣，这些考虑都需要我们的团队在课堂设计中进行头脑风暴。在每一次上完课后，我们都会开会讨论、总结，并着手准备下一节课的内容，这让我深深地体会到了做老师的辛苦。

第十章

家长对大学生公益服务的赏析选录

第十章　家长对大学生公益服务的赏析选录

父母都希望子女健康成长，成为对国家、对社会有用的人才。随着公益理念的广泛传播，越来越多的学生家长开始接触公益、认同公益，对子女参与公益活动的支持度也在不断提升。以下是中山大学2012级和2013级本科新生家长对子女在入学前参与中山大学倡导的新生"公益囊"活动的评价选录。

第一节　深入认识社会

通过这次公益活动，女儿从一个从未踏入社会的学生到积极地融入社会。她通过参加这次活动，不仅向初中生传授了知识，更重要的是学习了更多社会知识，丰富了自身的社会阅历，对她个人的成长是极其有益的。

——2012级社会学与人类学学院学生家长

空巢老人的无助、留守儿童的期盼、智障儿童的简单快乐还有幼儿园小朋友的可爱调皮，这些都打动了她的心灵，让她明白在这个世界上还有更多的人需要温暖，而我们都可以成为温暖的播撒者、传递者。

——2012级博雅学院学生家长

能利用假期参加镇团委组织的公益活动，既锻炼了毅力，丰富了生活阅历，又能通过与他人的接触、交流，懂得如何尊重他人，体谅他人及回报社会，有益孩子的健康成长。

——2012级物理科学与工程技术学院学生家长

武汉的盛夏闷热难耐,今年尤甚。儿子每天早出晚归,挤公交车,需1~2个小时方能到达市电视台。他有时也想过放弃,在家吹空调,但责任在催促他,亲人在鼓励他,理想和前途在召唤他!这点苦算什么,咬咬牙就过去了。当节目成功播出时,带来的欢乐和满足可不止一家。人生是场马拉松,最需毅力和韧性。参加这样的社会实践和公益活动真好。这高考后的第一个暑假,大家过得都挺有意义,值得回味!

——2012级物理科学与工程技术学院学生家长

孩子在高考之后参加了日照市爱心联盟组织的照看留守儿童等公益活动,通过这些活动,对社会作出了小小的奉献,同时也锻炼了自己。从一名一直接受教育的学生,转变为一个教育特殊学生的"老师",角色的转换让孩子重新认识了教与学,认识了教育工作的良苦用心,认识到了教育事业的伟大。在即将开始的大学生活中,相信他会倍加珍惜宝贵的学习机会!

——2012级生命科学学院学生家长

社会实践丰富了孩子的假期生活,开拓了视野,孩子对公益活动的积极参与,能让孩子感受到生活的艰辛、父母的辛劳,从而让孩子能够关爱父母、关心他人,成为对社会有用的人。

——2012级信息科学与技术学院学生家长

第十章　家长对大学生公益服务的赏析选录

参加社会公益活动我是全力支持的,通过此次公益活动,加深了孩子对社会的了解,我与孩子交流过他的收获,他认为,作为社会的一员,应该学会承担,尽一份责任。同时应该学会感恩,包括对父母、师长等。他知道这些并践行之,我很欣慰!

——2012级软件学院学生家长

第二节　提升实践能力

作为一个"90后"的孩子,平时只是注重学习,在参加社会公益活动上,作为家长,以前几乎完全忽视了。这次学校组织她参加了公益活动,我觉得对她将来的成长有着良好的意义。通过活动,可以让她学会参与社会活动,了解公益的意义,知道帮助别人的重要性,以及拥有一颗爱心,这一切将会使她的人生更加美好。作为家长,我会继续鼓励她尽可能多参加一些公益活动。

——2012级哲学系学生家长

参加暑期公益活动,青少年通过社会实践对社会有新接触,对青少年的成长起到了很好的正面启示作用。这教会了他们如何思考社会现象,如何适应社会,使他们在实践中有新收获,丰富了校园生活,拓展了思维空间。

——2012级亚太研究院学生家长

女儿在假期间积极主动地参加公益活动，通过活动，我看到她增强了自信，锻炼了胆量，陶冶了情操，提升了实践能力。作为家长，看到女儿长大了、成熟了，深感欣慰。公益活动有益了大众，也得益了自己。希望女儿今后能加倍努力，突破自我，向更好的方向发展。

——2012级政治与公共事务管理学院学生家长

女儿参加了"送金融知识下乡"公益服务活动，令我很欣慰，看来学校的话比我们家长的话有用得多。希望到校后她能参加更多有益的活动。今天女儿又下乡了，她一连几天顶着烈日下乡宣传金融知识，回到家里又累又兴奋的样子是我从来没见过的。她心里很高兴，并且弄明白了很多金融知识，也帮到了一些有需要的人。为了完成公益活动，女儿四处询问，看到她坐言起行，不怕碰壁，每天早出晚归。看到她完成工作后兴奋的样子，我突然感到女儿长大了。

——2012级资讯管理学院学生家长

参加公益活动有益于她的成长与成才。关爱老人活动能培养她敬老爱老的品性。一个懂得关爱老人的人也定会孝顺父母，服务社会。志愿服务后的她更耐心温柔，懂得关爱体贴年老群体。活动利人利己，我们鼓励她参与。

——2012级移动信息工程学院学生家长

第十章　家长对大学生公益服务的赏析选录

贵校倡导的学生公益活动对于一直接受基础教育的高中毕业生大有裨益，在女儿参加的无偿献血的社区劳动中，我们家长除了支持和鼓励外，还给予耐心指导，最终欣慰地发现孩子体会到了助人的快乐，也让她感受到社会实践的不易。公益活动让她变得更加懂事。

——2013级社会学与人类学学院学生家长

第三节　履行社会责任

孩子从学生到医院的前台导诊，很快地完成了身份转变，每天早早地去上班，回来后与父母交流每天的心得。作为母亲，我很高兴地看到了孩子的成长，孩子也体会到了责任与担当，更加明白了爱与奉献的内涵。

——2012级中文系学生家长

作为准大学生，应该积极担当社会责任，参与公益活动是锻炼自己的一种有益方式，应在今后的生活中积极参与，造福他人，快乐自己。

——2012级亚太研究院学生家长

公益活动是一种不计报酬、不谋私利、不斤斤计较的忘我的劳动，能培养孩子关心社会公共事业的热情，为孩子带来光荣感与成就感，塑造孩子美好的心灵，帮助孩子树立正确的人生观和价值观。更为难能可贵的是，公益活动吸引了更多社会人士去关注和参与,一起为社会尽一份力,作出自己应有的贡献。

——2012级岭南学院学生家长

热心公益事业,积善成爱,进而大爱无形,叫作爱心;孝敬长辈,先"老吾老"才能及"人之老",谓之责任。爱心与责任,为个人修身的"任督二脉"。当下掌握权力、财富和知识的精英人物弊象频出,其深层原因是"任督二脉"堵塞,责任缺失,乏善可陈。中大作为培养未来社会精英的摇篮,在学生入校之前,就用公益活动先行打通学生"任督二脉"。

——2012级法学院学生家长

以前儿子是个乖乖在家学习的孩子,没想到这次暑假的普法活动竟引起了他极大的兴趣,他对公益活动的热情让我们对他刮目相看。他能利用所学的知识去帮助他人,让我们感到非常欣慰。同时,他也让我们看到,他不仅是一个学习优异的孩子,更是一个有责任感、有担当的人。

——2012级政治与公共事务管理学院学生家长

作为学生家长,首先向贵校设置这么一项入学前的活动表示感谢和敬意!在当前社会较为浮躁、人们功利心态较盛的背景下,能非常郑重地倡议孩子们沉下身子,结合实际,实实在在地为社会做点有益的事情,既是贵校教育理念的体现,也是展示学校厚重文化的独到之处,作为家长甚感欣慰和踏实。尤

第十章 家长对大学生公益服务的赏析选录

其是孩子能按照学校要求,心甘情愿、不打折扣地积极参与,让我们既意外又惊喜。

——2012 级信息科学与技术学院学生家长

聋哑儿童是社会大家庭中的一员,他们既是和谐社会的建设者和创造者,又是社会幸福生活的拥有者,扶弱助残是中华传统美德,残疾人事业是社会文明进步的标志之一。孩子能积极投入到慈善中去,我们在积极配合她的行动的同时又感到非常欣慰。

——2012 级信息科学与技术学院学生家长

公益活动的参与是公民社会责任感和公益道德的体现,青少年在完成学业的同时,应当积极参与社会实践,勇于承担责任,所谓"读万卷书,行万里路"。在实践中磨砺成长,这是成才的必经之路。千里之行,始于足下,你已有一个很好的开端,你已经走在成功的路上,继续努力!

——2013 级中文系学生家长

公益是对社会的回馈,是对社会的责任。希望这一代大学生不仅仅是知识的化身,更是家庭责任、社会义务的综合体。多方位的锤炼,才能更加从容地担当起你们这一代的责任。

——2013 级药学院学生父母

第四节　培养优良品德

多少年来,孩子忙于应试教育和文化课学习,很少有时间参加这样的活动。这次,她亲自联系公益组织,联系公益活动,联络志愿者,沉下心来参加各种活动,且坚持到底。这对培养她的品质、耐性、公德等有很大作用。希望这次非凡的公益活动对她今后人生产生深远的积极影响。

——2012级中文系学生家长

儿子参加公益活动的时间刚好是特别炎热的时候,看他主动与君临志愿者服务组织联系,主动申请参加他们组织的公益活动,而且越是付出越想参加志愿服务的过程,作为父母,我们备感欣慰,希望他记住:"公益不是作业,公益不是任务,公益是快乐,公益更是收获!"

——2012级历史系学生家长

学校举行这次公益活动非常好,有助于孩子的独立思考能力。如何孝敬老人是当今社会的突出问题,也是中华民族文化传统美德之所在。孩子参与了老人服务公益活动,我们感到通过公益进行教育的方式很好。

——2012级历史系学生家长

参加社会公益活动,不仅能够造福社会,还能陶冶他们的

第十章　家长对大学生公益服务的赏析选录

情操，美化他们的心灵。让他们自觉自愿参加劳动，让他们体会到劳动的光荣。

——2012级博雅学院学生家长

陪伴帮助自闭症孩子这一弱小群体，孩子体会到社会上每一个人的付出、每个人的帮助对自闭症孩子是多么的珍贵和必要，这份帮助和关爱，让需者温暖，给予者开心并感悟。

——2012级国际商学院学生家长

孩子每天参加公益活动，回家后都会乐于分享感想。从中可以体会到他在公益中汲取的成长的道理——予人玫瑰，手留余香。希望他记住，永远要愉快地多给予别人。

——2012级国际商学院学生家长

乐见孩子在暑假期间所参与的各项公益活动，更期盼大学期间能持之以恒，感悟人生，做一个品学兼优、尊敬师长、集"情、孝、忠、义"于一身的新时代人才。

——2012级法学院学生家长

现在的社会变得越来越冷漠，中华民族乐于助人的传统美德正在渐渐地被忽视。孩子们能主动去帮助别人，去关心那些弱势群体，这让我感到很欣慰。人活在这个世界上不能只为了自己，每个人都承担着一定的社会责任。每个人都有责任为社会做奉献，而公益活动则是能体现我们社会价值与个人价值的平台。总的来说，我很支持孩子参加这样的公益活动。
——2012级化学与化学工程学院学生家长

爱心无大小之别，献爱心无时空限制，有爱心的人是最幸福的人。
——2013级亚太研究院学生家长

助人，让行善者积德；助人，让爱善者快乐；
助人，让世界更美好；助人，让人间更温暖；
助人，让社会更和谐；助人，让青春更亮丽。
——2013级岭南学院学生家长

"万事莫如为善乐，百花怎比读书香。"能从公益活动中懂得感恩并乐而为之，这就是公益活动的意义。做一次公益活动不难，难的是经常做、长期做，坚持才是最可贵的。
——2013级岭南学院学生家长

书，可以启迪人的思想，触及人的灵魂，可以改造人生观，尽管现在有了网络，但是和书交流获得的愉悦是其他事物不能给的。更何况，山区里上网是一件相当奢侈的事！参与捐书活动，让孩子们懂得了"涓涓细流，汇成江海"的道理，非常好！
——2013级政治与公共事务管理学院学生家长

第十章 家长对大学生公益服务的赏析选录

为人正气品质优,尊老爱幼礼仪佳;聚会乐善不为己,勤博志恒可成器。

——2013级教育学院学生家长

志愿者,与名誉无关,与功利无关,用行动感化人心,用行动涤荡内心。志愿者如一滴水,也许很小很无力,却有滴水穿石之力,也会反射出太阳七彩的光芒。

——2013级化学与工程学院学生家长

年轻人缺少的不是爱心,而是奉献爱心的主动性,学校倡导的公益服务使他们把爱心转化为行动。

——2013级旅游学院学生家长

人以德为本,德以善为先,乐善好施,乃我中华民族之美德。师之授业不仅授之生存本领,为人之道尤为重要。

——2013级移动信息工程学院学生家长

附 录

中山大学学生公益实践媒体报道摘编

附录　中山大学学生公益实践媒体报道摘编

报道摘编一　中山大学：用心培养公益人才[①]

公益慈善研究中心成立、有爱（U&I）慈善商店运营、康乐缘爱心抗癌志愿者联盟成立……2011年，中山大学的师生们在公益领域不断地书写着一个又一个新篇章。

诚如该校负责人所言，公益是大学培养人才的应有之义。以务实的态度进行公益实践，以开放的姿态接受各种多元的公益观念，不断在教学实践、学术交流、学科研究上探究着公益新模式，并努力通过公益研究推动社会、政策建设，这就是中山大学作为一所知名学府在公益领域的担当。

校园的公益登上世界舞台

"公益事业是中山大学教育事业的有机部分。中大培养的学生，是拥有公益心、服务社会的青年。公益是个过程，但与我们最终通向的目标和我们的教育使命是相吻合的，是中山大学培养人才的应有之义。"谈到中山大学的公益理念，中山大学党委副书记、副校长李萍如是表示。

校园，是一个充满爱心和活力的地方，而中大的学生选择将这份活力用在爱心洋溢的公益领域。特别是汶川大地震发生后，中山大学的老师和学生们在公益领域的担当就特别地显现出来。从校领导到老师，从研究生到本科生，他们都非常积极

---

① 载《南方日报》2011年12月15日。

大学生公益服务长效机制建设

地参与到抗灾救援的活动中去。而之后，中山大学的师生参与公益越来越自然，校园里经常可以看到志愿者的身影和正在进行的公益活动。

5月28日，"康乐缘爱心抗癌志愿者联盟"在中山大学成立。这支公益团队，旨在凝聚爱心力量，帮助校内患癌症或其他重大疾病的老师和同学战胜疾病，创造生命的奇迹。其着力在校园中营造人文关怀的氛围，不但能为患病师生提供长期有效的帮助，也能为全社会在更大范围内应对绝症救助提供新的思路，为和谐社会的营造增添新的能量。

特别值得提及的是中山大学"赛扶"（SIFE）志愿者团队。在2011"赛扶"中国创新公益大赛全国总决赛中，该团队凭借出色表现顺利获得全国总冠军。2011年10月，中国代表队——中山大学"赛扶"团队在国际大学生企业家联盟创新公益大赛世界杯赛中，取得世界杯前八名的优异成绩。

2011年11月，中山大学有爱（U&I）团队在"北极光—清华"第二届全国大学生公益创业实践赛中荣获金奖。有爱（U&I）慈善商店是由中山大学在校学生自发创建的以商业模式运作支持公益事业的闲置物品处理平台，主营业务为爱心人士捐赠或托卖的仍有使用价值的闲置物品，营利所得将成立有爱基金，用来支持公益事业。

公益研究深入到教学领域

除了老师和学生们在公益领域的探索，中山大学师生在公益人才教育方面也进行了多种尝试，今年特别引进了国外的

附录　中山大学学生公益实践媒体报道摘编

Service Learning（公益学习）的概念。全校 11 个院（系）自愿报名参加，老师、辅导员、学生尝试通过在社会服务中实践自己的专业技能这种方式达到教学的目的，把社会服务和所学专业结合在一起。学生不只是做公益，还提升了自己的专业能力。

比如中山大学资讯管理学院在今年暑期组织师生赴汶川帮助当地建设图书馆。学生在建设图书馆的同时实践了图书馆管理、信息系统建设等专业技能。另外，中山大学医学院组织的社区服务实践中，牙科医学专业的师生通过义诊等方式服务社区，提升了专业能力。这种把专业学习跟公益服务结合在一起的高效学习方式，在全国算是首例。中山大学也与很多国际院校保持公益学习的交流。

而中山大学公益慈善研究中心的成立，则为中山大学在公益研究领域揭开新篇章。作为中大进行慈善研究的重点机构，慈善研究中心一方面进行公益学术，另一方面将推动公益在公共政策、政府立法中的影响力。慈善研究中心已经持续开展国际合作研究，目前已跟美国印第安纳大学慈善研究中心（全美最好的慈善中心）战略合作，展开公益类的课题研究，如国际狮子会、美国慈善史、公益参与、社会企业等课题。这些研究将为日后的社会创新与社会建设提供建设性学术支持。

未来，中山大学将把中山大学慈善研究中心打造成南中国公益领域的智库，并建立在全国具有影响力、权威性的公益类数据库——全民公益数据库。

大学生公益服务长效机制建设

报道摘编二 "有爱商店"展现校园公益专业化[①]

中山大学南校区的校园里,有一间由11名学生发起的"有爱慈善商店",这原本是一间不起眼的朴素小店,但因日前"免费午餐"发起人邓飞的到访,小店引起了公益界对于大学生校园公益行动新趋势的关注。

大学生因身处"象牙塔",往往被冠以不知民间疾苦,不懂社会现实,对困难群体和底层社群缺乏同情,对自己则抱有太多优越感等诟病,而今,校园公益行动成为大学生社会参与和自身成长的新途径。

从传统的下乡、支教等活动开始,大学生的公益行动领域已大大扩展,在环境保护、劳工服务、乡村教育、临终关怀、青年成长等诸多领域都能找到这群年轻人的足迹。这些领域中的大学生公益社团在实践中日渐成熟,发展出一批初具雏形的专业化校园公益组织,"有爱商店"便是其中的一个。

学生自发行动,校园公益组织化专业化

在中大南校区各种小商铺扎堆的商业街里细心寻找,你可以在二楼发现"有爱慈善商店"的朴素招牌。"有你,有我,有爱,有未来",这个不过20平方米的小店,承载着11名学生发起人的爱与梦想。

[①] 载《南方日报》2012年4月10日。

小店里，来自慢生活有机馆、那洲布艺小镇等公益机构的产品琳琅满目，被别致地布置在货架上。这是店里最受欢迎的产品，许多学生都被这些小东西吸引。在销售这些产品的同时，其出产机构的公益理念也就随之一并被传播了出去。

在旧物托卖的货架上，各类旧书被整齐码放着。这些旧书一部分是捐赠的，一部分则是在此托卖。书的背后贴着价格标签，几乎每本书的价格都在10元以内。店员介绍，为提倡环保、旧物循环利用、资源流通的理念，"有爱商店"特意采取低价策略，以便尽可能多的同学以较低的成本参与其中。

对于在店里托卖的书籍及其他物品，商店收取售价30%的费用作为公益活动资金。不过，到记者采访时为止，有爱商店的团队运作开支尚未从商店的营业额中支取，仅靠团队参加各种比赛的奖金便可维持。而商店经营所得的善款则被用在资助贫困学生、救助患重大疾病的同学等公益行动中。

目前，除最初的旧物托卖之外，为公益机构筹款、康乐缘爱心计划、西部助学计划和"衣旧有爱"计划这四个项目也已经在"有爱商店"开始了运作。"有爱团队"呼吁希望社会更多爱心人士捐出闲置物品，企业也可捐出库存产品，共同来支持这一慈善商店模式。

2012年3月底，"免费午餐"发起人邓飞在广州与公益人士交流期间，特意前往中山大学参观了这家小店，并在其微博中总结出"大学公益小店模式"推荐给其他的高校复制推广。这一消息让"有爱商店"发起人之一李真和他们的"有爱商店"都小小地"火"了一把。

"有爱商店"团队的公关负责人小范告诉记者,从2010年初的网店试营业到2011年底在中山大学开设实体店,"有爱团队"逐渐形成自己的运营模式,开业4个月的营业额即达到2.5万元,这给了他们极大的鼓舞。

小范说,"有爱团队"希望在校园中搭建一个公益平台,让更多同学参与其中,通过商业的操作模式为公益理想创造更多价值,让公益行为可持续地进行下去。"与短期的支教、搞活动等常见的校园公益行动相比,我们相信'有爱商店'的模式更具有可持续性,影响也将更加深远。"

随着公益领域的整体进步,大学生们的校园公益行动也日益趋向组织化和专业化,像"有爱商店"这样的案例已不在少数。如"微乐益公益成长中心"致力于构筑面向大学生社区的公益传播、学习、研究性支持平台,促进公益扎根大学社区,实现大学生公益可持续发展。还有关注农民工群体的"我客坊"、推动广州自行车出行环境改善的"拜客广州"等多个公益团体和项目组。

学校搭建平台,让公益服务成大学生主流价值

大学生不仅仅参加短期的志愿服务,更开始着眼于社会公共议题,组建完整的团队,开展长期的公益行动。而学校的支持、社会环境的包容成为大学生开展公益行动的外在条件。

据中山大学学生处处长漆小萍透露,中山大学2012年初对本校1000多名学生进行的关于人才培养的问卷调查结果显示,受访学生中,表示"曾经参加志愿公益服务"以及"正

在进行志愿公益服务"的学生均超过20%，还有近30%的学生表示"有计划参加志愿公益服务"。对这一调查结果，他难掩喜悦地说："将近80%的学生有这样的公益热情，这个数字远超出了我的设想。由此可见，近几年的社会培育是有成效的，学生自发地产生了参与公益的诉求，我们当然要支持这种诉求。"

漆小萍认为，在高校教育之中，社会经历和体验对学生的成长非常重要，而参与公益是一条非常好的渠道。他还透露，着眼于人才培养的目标，学校将把"服务学习"制度化。

"作为我们学校的大学生，应该具备一定的社会公益服务经验才算合格。"他说，"这种价值导向是刚性的，但实现的方法是柔性的。相信，当公益成为社会的主流价值，它也必将成为大学生们的主流选择。"

专家点评　香港中文大学亚太研究所王泳：公益是青年社会参与必修课

长期从事青年公益研究的香港中文大学亚太研究所研究员王泳认为，大学生没有太多的框框和包袱，能够根据实际的经验，巧妙地做公益，但同时，在校大学生的时间精力又受到课程限制，因此要兼顾公益也存在挑战。

"青年人做公益是社会参与的必修课。"王泳说，大学生参加服务学习，作为公众的一份子参与社会实践，能加深对公共利益和公共生活的理解，学习如何在差异化的社会里平衡冲突，与他人和平共处。这能促进青年人健全人格，锤炼价值观,更好地适应社会变化。青年在公益实践中能提升团队建设及合作的能力,学习社会交往的技巧等,也是大学生自我成长的过程。

王泳建议,在现阶段,探索建立适应大学生实际情况的志愿者管理方式是促进校园公益可持续发展的关键。

附录　中山大学学生公益实践媒体报道摘编

报道摘编三　"五点课堂"每周日开班啦！[①]

5月6日，一群来自中山大学的中外学生与几十个中小学生一起，有说有笑。这些孩子都是中山大学异地务工人员的子女，即日起，大学生志愿者们将在每周日对他们开展为期六周的义教，"五点课堂，星光启航"正式开班。

中外青年一起义教

据悉，"五点课堂，星光启航"是由岭南青年志愿者协会与中山大学青年志愿者协会共同举办的义教活动，以关爱中山大学异地务工人员子女为宗旨，开展义务教学活动。

目前该活动开展的课程仅为英语口语课，由中山大学岭南（大学）学院留学生作为口语教师，中国大学生作为助教。根据小朋友的年龄段，活动开设了高级班和初级班，每班配备一名留学生和一名中国学生作为教师。上课时间为每周日上午9:30～11:00，共持续六周。

主办方表示，希望以后增加其他特色课程，邀请中山大学教授，根据小朋友在校所学课程开设相应的趣味讲座，如趣味化学实验、物理实验讲座等。

[①] 载《羊城晚报》2012年5月14日，记者林林世宁、实习生徐洁芳报道。

义教缘起"五点课堂"

据了解,本次义教活动是"五点课堂"活动的周末班。"五点课堂"是中大南校区青年志愿者协会2010年组织的一项公益活动:大学生志愿者担任小老师,在下午放学后给予后勤职工子女以一对二或一对多的课业辅导,以帮助部分后勤职工子女放学后、回家前的管理问题及子女课业辅导问题。

该活动负责人介绍说,"五点课堂"于2010年4月开始,坚持每周开展两次6:30～8:00的课堂辅导,目前参与人数不断增加,小朋友从开始时的20多人增加到如今的50多人,志愿者由最初的8人发展到现在的70～75人一期。

2012年3月份,"五点课堂"面向小朋友做了调研活动,并于4月14日开始至5月20日,开展两期共六次课的试讲活动。接下来,每周的周日9:30～11:00将固定给小朋友上课。

纪律问题让人头疼

成立短短三年的"五点课堂",已获2011年珠江公益节"千个公益项目"、2011年福彩公益奖、2011年中山大学EDP公益项目三等奖等荣誉。但也面临着不少问题,如课堂纪律差,小朋友到位时间过早或过晚使志愿者难以兼顾,志愿者人数不足,现有活动仍相对匮乏,专业经验不足等。

"五点课堂,星光启航"的学员从小学到初中都有。课堂上,初级班(小学一到三年级)的小朋友不是上蹿下跳,就是说话搞小动作,不知道的还以为是幼儿园的小朋友在做游戏。男孩子更是吵吵嚷嚷,还有摆弄桌椅的、聊天的,有的甚至站在椅子上跳起了舞。志愿者们说,每次到了后半个时段,常常都是一片混乱。

留学生 Sabastian 也向记者耸耸肩说很难控制,有一次孩子们实在不想学,他只好给孩子们发巧克力,哄他们开心。Sabastian 说,虽然要搞定这些孩子有些难,但是从事义教活动让他很快乐,也很有意义,他仍会坚持下去。

报道摘编四　公益将成大学生主流价值选择[①]

新学年即将开始，2012年入读中山大学的8000多名新生在报到时都要交上一份特殊的"暑假作业"——"公益囊"。"囊"中装的不是"妙计"，而是他们利用暑假参与公益服务的所为、所见、所闻、所感。这是中山大学为鼓励学生参与公益服务的一项创举，也是对方兴未艾的校园公益风潮的积极呼应。中山大学、广东外语外贸大学等校园公益组织都将在开学后招新，发动更多学生加入公益人的行列。

教育界人士表示，相信公益将成为社会的主流价值，也将成为大学生的主流选择。

9月11日是中山大学2012届新生统一入学报到时间，党员新生报到时间则被提前至9月8日。用中山大学学生处处长漆小萍的话来说：这是中山大学第一批背着"公益囊"上大学的新生。

"公益囊"包括两个部分：一是一份公益服务表格，记录新生在入学前的暑假所从事的公益性服务经历，以及来自家长、社会组织、服务对象的评价和鼓励；二是一篇1000字左右的公益服务纪实文章，记录新生通过身体力行所获得的真情实感，开学后，学校还将从这些文章中择优进行展示。

"公益囊"是中山大学"服务学习"体系的重要内容之

[①] 载《南方日报》2012年9月4日，记者赵新星、彭文蕊报道。

附录　中山大学学生公益实践媒体报道摘编

一。漆小萍认为,对于高校教育来说,社会经历和体验对学生的成长尤为重要,而公益服务正是一条重要的社会参与渠道,因此中山大学正在尝试将"服务学习"制度化,鼓励学生参与公益行动。

从 2011 年 9 月开始,中山大学要求学生每学期至少要完成 40 个学时的公益服务,学校也通过勤工助学公益岗制度及校外合作等方式为学生搭建参与公益的平台。

漆小萍说:"我们倡导这样的价值导向,因为我们相信公益将成为社会的主流价值,也将成为大学生的主流选择。"

校园公益人应该怎么做

"公益囊"的要求并不难,但对于一些刚刚从高三的"题山书海"中解脱的大学新生来说,做公益还是有些陌生,不少人咨询"公益囊"到底应该怎么做,如果做不好会怎样。

其实他们不必担心,"公益囊"的目的不是强迫他们完成"任务",而是希望给他们一次"公益初体验",开学以后,他们将有更多机会了解公益、参与公益。

8 月 30 日,来自中山大学有爱慈善商店、广东外语外贸大学曙光公社、黑橙创意公社、青草公益团队、齐天下游学、微乐益公益成长中心等校园公益组织的 30 多名校园公益人齐聚广州"90 后"公益圈分享会,交流其公益经历与想法。这些组织都将在开学后进行招新,发动更多学生加入公益人的行列。

"你认为'90 后'能为公益带来什么?是经济支持、身体力行、时间投入还是创意创想？"在此前由"肯德基对话'90后'"发起的微博投票结果显示，33.9%的网友认为，奇思妙想与鬼马创意是"90后"的最大优势。然而在分享会的现场投票中，"身体力行"则是这群年轻的校园公益人自己认为最重要的选项。

黑橙创意公社的年轻人通过"投诉合唱团"等充满新意的方式倡导公众关注社会问题，其成员"骡子"认为："我们关注创新，让枯燥的事情变得有意思，这将给公益带来新面貌。"

而分享会上的大多数学生公益人则更加重视从点滴做起，身体力行。

曾执导公益纪录片《正在消失的羊城》的"80后"导演谢文君，以及身为"70后"的微基金发起人、天涯社区公益总监梁树新通过与这群"90后"公益人对话，都表示看好这群年轻的校园公益生力军。"他们青春无敌，自由快乐，敢作敢为，希望这个群体越来越壮大。"梁树新说。

校园公益的困境

校园公益热潮方兴未艾，但"老人们"却想提醒新生：做公益并非只有快乐，一样要有克服困难、争取突破、不断进取的心理准备。

中山大学有爱慈善商店（以下简称"有爱"）从2011年9月开始运营，一年下来已发展成为校园公益领域的"范本"之一。其创始人李真当时是中大岭南学院的大四学生，现在已经毕业,说起"有爱"团队取得的成果与经历的困难,她滔滔不绝。"有爱"开张一年来,营业额4.7万元。扣除返还托卖者的货款等支出,剩下3万多元都被注入有爱公益基金。

"有爱"尝试通过商业模式运营慈善商店,因此其财务透明备受关注。其官方博客上每周公开财务报告,但为让"透明化"更加专业、可信,"有爱"正在筹划引进第三方审计监督机构。李真说,以大学生身份做公益容易取信于人,但也常常在执行力、专业度方面受到质疑,因此必须自觉地进行提升。

"有爱公益基金虽然已经帮助了一些人,但我们也常常困惑:每次资助多少钱是恰当的?资助对象该如何选定?"李真坦言,与专业的公益组织相比,"有爱"还不够成熟。

而就当下而言,最迫切的问题或许在于她自己——已经毕业的李真仍然花费很大的精力打理着"有爱"的事务,她现在最需要做的是让"有爱"离开她也能健康成长。

"要靠制度做事,而不是靠人做事,但制度写下来容易,执行起来却很难。"李真说。而她所提到的这一系列问题,也几乎是所有校园公益组织都要面对的。

报道摘编五　大学生做公益 不怕心存功利?[①]

2012年10月23日,在复旦大学举行了一场特别的捐赠仪式,所捐的善款不是直接来自于企业或慈善人士,而是学生志愿者们一点一点赚回来的。这项名为"真情互动"校园义卖的助学活动由中国青少年发展基金会和欧莱雅公司于2003年共同发起,企业捐赠旗下产品,由校园志愿者自主运作在校园内义卖,义卖所得的款项资助贫困大学生以及扶持大学生开展公益实践项目。

据了解,参加校园义卖的志愿者,需要先参加企业提供的培训,整个销售过程的前期市场调查、销售方案制定、财务、物流等各方面都由学生自行策划解决。主办方表示:"校园义卖助学活动不是简单的、单向的捐款助学活动,而是追求既在经济上帮助贫困学生,又锻炼他们的社会实践能力。"

无独有偶。近期,中山大学将公益与奖学金挂钩,规定每年必须做满50个小时的公益,才有资格参评奖学金,这也引来不少质疑。有学生担心,此举会愈发增加大学生参加公益活动的功利心,部分人甚至可能会投机取巧,参加一些"注水"的公益活动。

对此,中山大学公民与社会发展研究中心副主任朱建刚认为,校方的政策值得肯定,刚开始不排除有人会为了"公益"

[①] 载《羊城晚报》2012年10月31日,记者林世宁报道。

附录　中山大学学生公益实践媒体报道摘编

去突击献血、到敬老院帮老人理个发什么的，但慢慢就有人会有新的选择，做更能帮到别人的公益。"我不建议一开始就强调公益的道德纯洁性，应该允许在公益中掺一点渣子，很多人会在这个过程中发现自己真正想要的，公益也就发展了。"朱建刚说。

报道摘编六　中山大学两慈善社团成功转型校园公益走向专业化[①]

2012年11月20日,"蓝信封留守儿童关爱组织"的几名负责人兴奋地从海珠区民政局工作人员手中接过"民办非企业单位登记证书"。由中山大学学生发起建立的这个关爱留守儿童社团,经过近五年的发展,正式在广州市海珠区民政局注册为"海珠区蓝信封留守儿童关爱中心",走出校园服务社会,探索一条全新的公益发展道路。

据悉,2012年9月19日,中山大学"有爱慈善商店"在民政部门注册为"有爱青年公益创新实践中心",成为中国第一家拿到"民非"登记证书的校园慈善商店。

以务实态度进行公益实践

记者获悉,中大学子一直坚持以务实的态度进行公益实践,不断探索公益新模式,努力通过公益行动服务大众、回报社会。学生公益类社团和活动经过多年的发展积淀,组织运作日趋规范化、专业化,形成了一定的公益品牌。甚至跳出了校园束缚,将组织成员发展至广州地区的其他兄弟高校。

---

① 载《广州日报》2012年12月3日,记者徐静,通讯员马佳全、蔡珊珊报道。

附录 中山大学学生公益实践媒体报道摘编

获评2012年广东省"五四青年奖章"集体奖的"蓝信封留守儿童关爱组织",致力于为留守儿童建立一个与大学生通信交流的平台,以最原始又最有效的通讯方式,沉淀真情促进成长;中山大学爱心助学协会十年如一日开展助学活动,累计资助学生一千余人,金额近300万元。这些公益组织的发展,不仅在为社会提供实实在在的志愿服务,同时也以青年大学生特有的激情和创造力,在不断地探索、创新着公益运作模式,在社会广泛传播公益理念。

曾获得过"北极光—清华"第二届全国大学生公益创业实践赛金奖的中山大学"有爱慈善商店",以建立闲置物品交易商店的方式支持公益项目开展,尽管运作的时间还很短,但其新颖的公益运作模式却引起了媒体的广泛关注。

"蓝信封":筹划申请培育专项资金

"蓝信封"的主要负责人兼法人代表——周文华介绍道:"目前'蓝信封'已经入围一个NGO培育基金会的扶植名单,他们将指导'蓝信封'进行制度和组织的专业化建设,我们希望机构在完成全方位升级后能够回馈学校和社会。"

另一名负责同学陈晓岸也深有感触地谈道:"这次组织转型为'蓝信封'在争取社会资源方面拓展了一个全新的空间,最近我们正在筹划申请广东省设立的社会组织培育专项资金,如能争取下来,无疑能为我们工作拓展提供物质保障。"

"有爱团队":传播全新的公益理念

"有爱"的团队成员们所期许的,是一种全新公益理念的广泛传播:"我们把'有爱'当成一份事业来奋斗。我们希望实现公益的可持续造血能力,希望通过行动推动微公益的生活方式,让公益随手可行,人人可参与。我们努力把'有爱'做成高效、专业、透明的社会企业,也渴望看到慈善商店在全国遍地开花……"

中山大学:鼓励公益组织走出校园

自2011年底以来,广东共青团开始全力推进枢纽型社会组织建设。中山大学也在努力探索青年大学生参与社会建设的新路径。

首先是尝试在学校东校区和南校区推动学生活动中心"亲青家园"建设,以为校内各类社团和组织提供一个沟通交流和资源整合的平台。在学生公益组织的培育上进行大胆创新,鼓励发展成熟的校园公益组织大胆走出校园,转型为社会组织,去更好地争取社会资源、承接社会服务、推动组织运作往专业化发展。

对于首批支持推动的几个公益组织,学校不仅为其提供专项资金支持,同时还积极联系专家学者,为其提供政策咨询、申报指导等,鼓励他们大胆跨出第一步,勇于尝试"吃螃蟹"。此次成功转型的两个组织,正是首批重点支持的公益类组织。

报道摘编七　中山大学心理学系：办公益市集义卖帮扶自闭症群体[①]

为呼吁社会关注自闭症患者，日前，中山大学心理学系在珠海校区内自办公益市集，共有70余名同学参与产品创作和物资捐赠。当天义卖筹得善款近2000元，已全部捐到珠海市自闭症互助协会，用于帮扶自闭症群体。

记者了解到，中大心理学系对自闭症群体的关爱和帮扶目前已形成长效机制。据市自闭症互助协会透露，目前中大心理学系已有70名学生成为关爱自闭症群体的志愿者，他们每两人为一组，每周定期到不同的自闭症患者家庭，陪伴自闭症患者做康复训练，目前已有20余个家庭受到帮扶。

---

① 载《珠江日报》2013年4月20日。

报道摘编八 "照亮孩子们的前途"公益活动启动 为林芝中学照亮上学路[①]

记者28日获悉,由深圳市慈善会·中科创公益慈善基金与中山大学研究生支教团共同举办的"照亮孩子们的前途"公益活动落地于西藏林芝县中学。该活动将为西藏林芝县中学筹款,以改善学校的教育基础设备。

中山大学研究生支教团的志愿者聂二辉告诉记者,在中山大学研究生支教团支教半年多的时间里,因为学校的照明设备不足,再加上林芝县中学是林芝县唯一一所县级全寄宿学校,教室里面很多照明灯已经坏掉,影响了学生们的学习和生活。鉴于此,中山大学研究生支教团联合深圳市慈善会旗下的中科创公益慈善基金发起"照亮孩子们的前途"公益活动。

据悉,该活动从2014年4月启动,将会持续到6月份,中科创集团专门为林芝县中学的学生们开发一款公益产品,将"88财富网"会员认购的理财产品的一部分收益捐助给林芝县中学以购买更新课室照明灯等,改善同学们的学习、生活环境。同时,中科创员工自行发起了"给公益点赞"活动,呼吁更多企业及个人参与公益。

---

① 载《南方日报》2014年4月29日,记者雷雨报道。

附录 中山大学学生公益实践媒体报道摘编

报道摘编九 中山大学新生入学增设公益"门槛"[①]

日前,中山大学新生网挂出的一条公告颇吸引人眼球,内容为:"今年考上中大的同学注意了,新生入学时须向院(系)辅导员提交'公益囊'和'悦'读感。'公益囊'是指暑假期间本人参与公益活动的客观记录;'悦'读感则是指暑假期间本人和亲朋好友一起阅读《弟子规》的经历和感想。"

"公益囊"和"悦"读感一经发布随即引起了公众热议,微博上关于词条新闻的转发、评论数量短时间内激增数千条。

有人认为这是中山大学的招生炒作,也有观点认为做公益应该自愿而不应该发文引导,还有不少人很赞成在今天的社会环境中用这种方式鼓励大学生参与公益,并提醒他们学习吸收传统文化中的精髓。

记者调查发现,中山大学用"公益囊"的方式倡导学生做公益并不是今年才有的,去年2012届本科生入学时,同样是中山大学利用同样形式倡导学生做公益,并在10月29日由学校思想政治教育科发布了《关于做好本科新生"公益囊"后续工作的通知》,要求推荐公益好文章进行汇编。

校方在面对媒体采访时这样解释如此举措的初衷:"推出这样的'暑假作业'主要是希望新生暑假别太闲着,多多进行公益实践,而且只是发文倡导,而'悦'读《弟子规》是

---

① 载《公益时报》2013年7月26日,记者张明敏报道。

希望学生能和亲朋好友一起阅读，在这个愉悦的过程中重温为人处世应具备的礼仪与规范。"

对于中山大学的做法，公众反应各异，一部分反对的观点认为这是"强制公益"的做法，做公益还是应该遵循自愿原则。

北京大学社会学系教授、博士生导师夏学銮在接受《公益时报》记者采访时候表示："在国际上高等教育机构中也有类似的例子，在学生的社会实践中有公益活动的要求，中山大学的尝试是符合国际专业教育的基本趋势的。"

夏学銮还认为："新的做法出来往往各方评价不一，教育机构对于当前社会一些负面的趋势，如信仰迷失等等负有一定引导教育的责任，用这样的方式提醒人们从最基本的道德底线做起很有必要。"

夏学銮觉得重读《弟子规》等经典应被看好："《弟子规》是中国早期的传统文化典籍，基本礼仪规范都有了，告诉人们怎么样来处理人际关系、尊敬长辈等等，这说明中山大学对学生新生的传统文化也是有一定要求。在新的'二十四孝'公布之后，也反映了高校对于社会建设的重视。"

新生们面对着校方公益行为的倡导，在暑假中能否将"公益囊"的作业保质保量地完成呢？夏学銮认为既然学校倡导学生做公益，那应该设立相应监管机制，不应将倡导流于形式。

"要有相应的力量来做监督执行，社区或者是相关的行政机构部门要进行监督，认真负责地给出评语和鉴定结论。在国外很多高校是有双导师制的，有学习的导师，还有其他方面，比如社区服务的导师，对学习上的不同要求，由不同的人来把关。"夏学銮说，"就当前热议的中山大学新生入学的'公益囊'来说，暂时没有看到一个很好的监督机制来督促保质保量地完成。可以设想，如果学生到自己所居住社区做志愿服务，那社区应该承担起监督责任，并且给予相应的监督和评价，往往会出一个证明，但是现在社区出具这份证明的权威性究竟有多高，还需观察。所以这里面要保证他的质量而不要走过场，这让大学生一开始就有了社会服务的意识，才能不使这份暑假作业流于形式，反而带坏了风气，以后反而对于这个活动不重视。"

记者向北京的一些留学中介机构了解到，国外很多名牌大学在录取中国学生时除了语言和专业成绩外，大多数都会提及一个普遍性的问题——你在内地做多少时间的社会服务，有无志愿者记录证明，这将能够作为你成功申请学校的有利条件之一。

报道摘编十 中大学生自建公益团队前往青岛关爱自闭症儿童[①]

近日,中山大学学生自建公益团队"米公益",通过手机APP收集了84万粒虚拟大米,为青岛自闭症研究会和青岛市市北区以琳特教幼儿园(以下简称"以琳")的自闭症儿童兑换了价值10000元的100套玩具,并在赠送活动当天通过大画布涂鸦绘画的创意设计,为自闭儿童打造快乐周末。

记者了解到,"米公益"团队自行研制了一款手机APP公益软件,以虚拟大米作为流通货币。用户只要通过手机下载该软件,再通过APP或者微信等渠道进行阅读,或按照软件要求做一些简单的爱心活动,即可获得虚拟大米,用来在线上兑换物资,用作公益用途。

目前,该团队已有"为云南山区孩子捐风扇"、"为云南麻风村捐棉被"等6个线上公益项目。记者了解到,关爱自闭症儿童的项目在"米公益"APP上投放两个多月,有近万人参与兑换,累计兑换84万粒虚拟大米,为"以琳"的自闭儿童成功筹集100套玩具,价值10000元,玩具均由"中国电信爱游戏"网捐赠。

近日,"米公益"团队组织"快乐分享,星心相连"的项

[①] 载《信息时报》2013年9月24日。

目捐赠活动。他们前往青岛，当场将100套玩具送到自闭症孩子的手中。在活动当天，大家通过大画布涂鸦绘画的创意设计，为自闭儿童打造快乐周末。

孩子在幼儿园老师和"米公益"团队成员的引导下，纷纷拿起画笔一起涂鸦，画出自己心中的游乐园、米老鼠等意象，完成后还在画纸上标注了自己的名字。参与活动的中大学生王子告诉记者："有时候，对自闭症孩子的关爱并不是我们要给他们多少物质上的资助，也不是要给他们多少精神上的抚慰，恰恰是一视同仁，平等接纳。"

记者了解到，中国共有超过150万的自闭症儿童，数目逐年上升。目前自闭症已引起世界各国关注，美、日、德等国成立了专门的自闭症研究机构，我国也有类似的自闭症机构，作为本次项目受捐方的"以琳"便是其中一家。该机构创立于2000年10月，是经民政局登记注册的非营利性公益机构，也是目前全国最大的自闭症儿童训练部，接纳了362个患有自闭症的孩子。

据"以琳"的姜老师介绍，自闭症是一种相对普遍、范围宽广的脑部发育缺陷。某些孩子特别擅长某样事物，却缺乏最基本的交流能力，这些症状因人因时会有不同程度的表现。比如，有些孩子很喜欢旋转的东西，于是拿到任何东西都会下意识地不停扭动或旋转；有些孩子很喜欢某位老师，爱慕之辞却只能憋在嘴边，就是说不出来，只能以踹门代为表达。每一个自闭症的孩子都是一个独立的个体，都有着不同的喜好和表现。

报道摘编十一　校园公益书店
　　　　　　　卖书资助校园社团[①]

在中山大学珠海校区的教学楼一楼,一个名为"互助书屋"的书店颇为显眼。这个公益书店收集同学们无偿捐赠的二手书后,以书籍原价的1.5折至3.5折的价格卖出,所得款项将部分用于资助校内的公益项目。书店6月开张以来,纯收入近2万元,已初步确定资助两个校内的助学组织。它的一个特别之处还在于,每个月会在店面显眼处和微博上公布其财务情况。

"互助书屋"位于中大教学楼C104,这里是许多学生放学后的必经之地,多位受访学生都说书店"地段好",很多学生都知道。

书店内部摆设简洁而"小清新"。书架布满了一整面墙,书架上分门别类地放了"经济学"、"管理学"、"英语"等方面的书籍,地上还摆了两叠旧杂志,写着"一块钱一本"。书店里还摆了桌椅,供同学们坐下阅读选购。另一面墙则贴满了颇具文艺范儿的明信片,明信片组成了"Book"(书本)的形状,其中两个字母"O"还组成了一个笑脸。"我们希望将这里布置成一个漂亮的小图书馆,让大家喜欢来这里看书买

---

① 载《南方都市报》2013年11月20日,记者陈思敏报道。

附录　中山大学学生公益实践媒体报道摘编

书。"书店的负责人范黎静说。

据介绍，书店建立于2013年6月，是中山大学雁行互助基金会（珠海校区学工办领导下的学生公益组织）开展的一个公益项目。书店通过收集同学们无偿捐赠的二手书，分别以原价1.5折至3.5折的价格卖给有需要的同学。

谈起建立这个书店的原因，范黎静说："我们看到很多同学毕业或者迁回广州校区时，往往会扔掉或贱卖书本，特别浪费。而学校北门有个二手书店将书收集起来，以较高的价格转卖给其他学生。既然有这么大的买卖市场，我们不如自己办公益书店，请同学们把书免费捐赠给我们，我们再以很低的价钱卖出，收入拿来做公益，既环保，又能助人。"

由此，学校以免租金和电费的形式，将教学楼一楼的一个房间交给基金会用于成立"互助书屋"。书店开张后正好是学期末，就迎来一批学生迁回广州校区或毕业，于是他们在各宿舍一楼放置了收书的书箱，没多久就收集到约3万本书，以教材为主，还有不少文学类、成功学类书籍和杂志。

新学期开学后，公益书屋收集到的旧书很快就卖得差不多了。据介绍，从6月至今，书屋的净收入接近2万元。

卖书所得的收入会用在什么地方？范黎静说目前已确定几个方向：一是支持学校的小草支教团队，除了捐出1000本《读者》、《萌芽》等较好的书籍给贫困孩子，还将投入1000元资金资助该团队开展义教项目；二是资助爱心助学社的两位扶助对象，给两名贫困山区的初中生每人每学期800元的学费资助（即每学年3200元），另外还有些公益项目在商谈。

261

大学生公益服务长效机制建设

据介绍，由雁行互助基金会联合学校其他7个公益社团及校区宿舍管理委员会组建的监事会，将监管书店的资金流向，各大社团、院（系）组织通过立项、展示、商讨来决定资金的分配。

特别引人注目的是，位于书店入口的"前台"背后有一块黑板，上面标注了书店10月的财务情况，包括收入和支出两大部分，收入部分分"书本收入"、"明信片收入"、"其他收入"等，支出部分则列出"打印展板"和书箱等项目，10月总收入为6572.50元，总支出为1495元，净收入为5077.50元。

除了每月账本，书屋还在门口处公布每天的收入情况以及书店各工作人员、志愿者的通讯录。据介绍，账本除了每月1～2次在书店内公开，还会在中山大学雁行互助基金的新浪官方微博上公布。"既然是公益，就应该信息透明公开，这样才能保证书店的公信力，保证我们的项目能持续运行下去。"范黎静说。

范黎静说，他们每天会有约2名志愿者或工作人员在书店义务工作，负责日常经营、交易记录等事务。对于书店的财务经营情况，基金会设有专门的财务部进行详细的核实和统计，财务报表还会交给学校学工办的老师审阅，同时交由其他7个公益社团和校方组成的监事会监督。范黎静说，善款用出去后也公示，"让同学们知道资金花到哪里去了"。

附录　中山大学学生公益实践媒体报道摘编

报道摘编十二　中山大学"三走"活动催生"募跑族"①

29日上午,"走下网络、走出宿舍、走向操场"(以下简称"三走")主题群众性课外体育锻炼活动开幕式暨中山大学"募跑计划"启动仪式在中山大学南校区永芳堂前举行。作为全国首批10所试点高校之一,中山大学"三走"系列活动采取"公益+运动、新媒体+运动、医学+运动、创业+运动"以及"募跑计划"的"4+1"创新模式。同时,学生自行设计拥有独家版权的吉祥物与相关文化产品、开发APP应用软件、建立体育运动认证系统,并在运动中关注公益、自主创业。

"我运动 你公益"中山大学首创"募跑"概念

"当全校学子分别实现500、5000、50000次运动总量时,将实现不同级别的公益梦想:帮助解决50名西藏林芝一中贫困学子的学杂费;帮助甘肃某贫困村免费挖掘10口水井,解决600余人饮水难问题;与天使基金合作,以运动量筹集学生创业公益基金50万。"这是中山大学学子的"三走"公益梦。

"募跑",一种将运动与公益结合的健康生活方式,一种

---

① 载《人民网》2014年3月29日。

挥洒汗水收获福祉的社会行为；"募跑族"，一群通过各种形式的运动来实现公益梦想的人。中山大学团委相关负责人介绍，随着生活方式的转变，越来越多的大学生"宅"在宿舍，"挂"在网上，身体素质因缺乏锻炼日益下降，健康问题层出不穷。中山大学在响应团中央"三走"活动的同时提出将运动与公益结合，鼓励学生多运动，通过将运动量与公益项目相关联的方式实现公益助人、奉献社会的理想，首创"募跑"概念。通过学生团队开发的运动认证系统，记录学生的运动量，同时关联公益项目。

据悉，"三走"期间，中山大学全校共有团委立项支持的校级体育项目85项，立项支持院（系）体育项目29项，立项支持团支部体育项目100项，预计覆盖人数30000人，参与80000人次。目前，大学生课外运动安全保障项目、西藏贫困地区教师奖励金项目、西藏贫困地区白内障手术项目已经陆续得到保险公司、房产企业、中大眼科中心等多方的公益支持。

附录　中山大学学生公益实践媒体报道摘编

报道摘编十三　中大"募跑"瞄准百万公益金[①]

你跑步,别人计算跑步量帮你花钱做公益。有这好事?中山大学"走下网络、走出宿舍、走向操场"课外体育锻炼活动开幕式昨日举行,该校在全国大学中首创"募跑"概念,"募跑族"们在自己跑步锻炼身体时累计运动次数,兑换学校募集的公益基金。

中山大学团委相关负责人介绍,希望通过此活动在100天内募集公益基金100万元。

[①] 载《广州日报》2014年3月30日,记者徐静、通讯员蔡珊珊报道。

报道摘编十四 心理学人：我们没有超能力，只是用科学做公益[①]

你学心理学？那你一定有一眼看穿我想法的读心术，或是在灾难后用心理学救死扶伤的超能力。这是很多人对心理学人的看法。2014年4月5日晚，友心人心理社区在广州举办的第一场线下活动——"心理 talk 一 talk"：心理学人都有超能力吗？吸引了60多位心理爱好者和从业者，相聚在一起感受心理学人那些你不知道的心理超能力。

4月2日为"世界自闭症日"，社会上相关报道层出不穷，作为专业的心理健康互助社区，"友心人"特别邀请了中山大学心理系副教授、长期从事自闭症儿童研究的易莉老师分享那些你不知道的自闭症知识。易老师以幽默风趣的方式给大家上了一堂自闭症知识的公开课，解释了很多理解误区。如很多人会以为自闭症患者是天才，但其实70%的患者有智力障碍；又如今年许多公益机构呼吁关注自闭症患者的方式是"今天不说话"，但其实很多自闭症患者还是能说话的。最后她还分享了一些已经得到科学验证的心理学训练方式。

虽然学界真正公认的康复训练方式只有寥寥数种，但如果及早地由专业人士介入，确实可以更好地帮助患自闭症的孩子

[①] 载《新快报》2014年4月13日，记者陈晓颖报道。

适应社会。

发起人之一梁嘉歆透露,除了"心理 talk — talk"这种线下分享,友心人心理社区会在"友心人"微信平台上每天分享实用的心理学知识、心理人的专栏。同时每月举办心理咨询师聚会,希望可以成为心理学在读学生和爱好者获取心理学知识的平台,未来还将与更多的公益机构、企业合作,让曾经躲在"象牙塔"的心理学可以走近大众。

报道摘编十五 大学生创业种蘑菇、卖除霉剂……当创意遇上公益,很 OK[①]

什么样的创业项目才是好项目?在 2014 年 4 月 29 日举行的中央电视台《中国创业榜样》中山大学专场录制现场,中大学子以实际行动给出答案——公益与创业结合才是好项目。

"做公益、种蘑菇,两样都爱"

"我们这一群种蘑菇的,终于有机会西装革履一回了。"第一个上台的创业团队是"锦绣珠沙",队员们用照片展示了自己工作时的样子:头戴草帽,脚踩凉拖,一身宽松打扮蹲在田地里埋头捣鼓。队员们来自中山大学各个不同学院和专业:化工、地理、历史、哲学等。就是这样一群人在黄埔区大吉沙岛成立了"广州润丰食用菌生产基地":利用岛上的香蕉叶、水葫芦做生态农业,联合当地村民种植、贩卖茶树菇、平菇和灵芝等食用菌类。

广州珠江上的孤岛大吉沙岛是一个农业岛,岛上农民以种植香蕉、番石榴等水果为生,可人均月收入却仅有 600 元。队员们通过调研发现,由于病虫害及生产技术落后,作物产量低,加之交通不便,水果销售困难,因此农民收入低。而此时

---

① 载《羊城晚报》2014 年 5 月 2 日。

中山大学一位教授给团队提供了一项生物技术:用香蕉叶、水葫芦等做原料,种植食用菌。"于是我们联系村主任,逐家逐户询问农民是否愿意一起做这个项目。做这个项目更多是在做公益,我们希望自己的行动能给岛上的农民带来切实的生活改善。"

目前市面上平菇收购价是 5 元/斤,而他们的成本价仅 2 元/斤,每月总利润 1.7 万元,现在岛上农民的月均收入已上升为 900 元,"未来我们希望能够大棚种植,走高端市场路线,目前正在寻找投资伙伴"。

米公益:"公益也可以很有趣"

同样把公益和创业结合起来的还有"米公益"创业团队。"米公益"开发的手机 APP 整合搭建了一个有效的公益平台:通过完成 APP 提示的任务,诸如给父母打电话、做运动、读资讯等,能换取"大米",换得一定数量的"大米"就可兑换相应的物资捐赠给有需要的公益组织。

"米公益" APP 有"米扭扭"、"米知"、"米有氧"、"米伸展"等功能。以"米伸展"为例,只要设置了每日伸展的次数和频率,按屏幕下方的播放键后手机重力感应器开始运作。这时,只需将手机横卧与地面垂直,双臂向上来回伸展,应用就会记录下运动的次数。每完成一次任务,就会攒到 20 颗"大米"。"我们希望公益也可以很有趣。"

康洁：环保除霉剂很"亲民"

"广州气候潮湿，市民深受霉菌困扰，对于水洗、刀刮都不易去除的霉菌，我们的'小白'家用除霉防霉剂都能轻易解决。"康洁创业团队的成员表示，他们的目标是"让除霉剂走进千家万户"。

"市面上除霉产品的一大缺陷是有毒性，而'小白'的最大特点是绿色环保，因为它是直接从食品添加剂中筛选出来的。"据悉，该项技术由团队成员在实验室内自主研发而得，正在申请专利保护。

此外，29日参加现场角逐的还有石斑鱼养殖、便携式睡眠呼吸暂停监测仪等创业项目，最终，"康洁"和"锦绣珠沙"两组创业团队入围中国创业榜样全国训练营。

报道摘编十六　建立公益理论研究阵地构筑助学育人新格局[①]
——中山大学大力推动受助学子参与公益服务

根据教育部文件精神，中山大学结合学校文化氛围和工作实际，以立德树人为根本任务，积极倡导受助家庭经济困难学生参与社会公益活动，践行社会主义核心价值观。近日，在广东仲明助学金管委会支持下组建了仲明助学基金大学生公益研究中心，通过引入专业力量，加强对受助学生公益服务活动的引领和指导。

大学生公益研究中心成立仪式在中山大学东校区举办，仲明助学金捐赠者代表、学校相关部门负责人及广东省19所高校师生代表参加了成立仪式。公益研究中心主任指出，成立大学生公益研究中心的目的是为了推进受助大学生参与公益服务，培养他们奉献社会的情怀和公益服务的能力，让家庭经济困难学生在服务社会中学习、在服务社会中提升。研究中心以广东省仲明助学金19所联盟高校为主体力量，吸纳专业公益人士参与其中，共同打造受助大学生公益服务研究的专业平台，推动受助学子公益服务实践与创新。研究中心成立之后，

[①] 参见全国学生资助管理中心网站，http://www.xszz.cee.edu.cn/gongzuodongtai/xuexiao/2014-04-15/1961.html。

大学生公益服务长效机制建设

将着手推进受助大学生公益服务"千百十工程",即每年资助100个大学生公益团队,带动1000个受助学生参与其中,并重点推广其中的10个优秀公益项目。

近年来,中山大学进一步加大助学育人的力度,注重对受助家庭经济困难学生的教育引导工作。一方面以促进家庭经济困难学生的学习为核心,开展"优向助学工程",以学习上有困难的受助学生为重点,根据专业特色和实际情况,由院(系)组织开展帮扶活动,使受助学生学习成绩逐步提高;另一方面,鼓励受助学生积极参与公益活动,培养他们的人文情怀和感恩意识,促进受助学生成长成才。据统计,2013年共有6646人次本科受助学生提供公益服务达303077小时,人均参与公益服务46.08小时。此外,中山大学学生资助管理中心注重公益活动理论研究,结合学生公益服务实践,编写出版了《大学生社会公益实践导论》、《大学生公益活动实务》等教程,为大学生公益活动的开展提供了理论指导。

后　记

完成《大学生公益服务长效机制建设》书稿后，我有一种如释重负的感觉——这本书于2013年3月开始策划，在2014年6月终于完稿了。回顾过去，2012年我们编写了《大学生社会公益实践导论》一书，2013年我们又完成了《大学生公益活动实务》。三年以来，我们按导论、实务及制度机制的路径逐步深入研究大学生公益，这也是我们推进大学生公益实践的基本历程。

在进行大学生公益研究和实践的过程中，我们得到了很多领导、师长和专家的指导及帮助。感谢教育部思政司司长、博士生导师冯刚教授在百忙之中为本书作序，这是对我们公益研究和公益实践莫大的鼓励和支持！感谢中山大学学生处处长、广东省学生工作专业委员会秘书长漆小萍研究员。漆处长开创性地在全国高校推行新生"公益囊"活动，大力倡导公益服务嵌入奖学金、助学金工作之中，开设勤工助学公益岗，推动校园公益活动。如果没有漆小萍处长的亲自推动，很难想象我们能取得如此丰硕的公益理论和实践成果。

感谢亚德客国际集团、新鸿基地产郭氏基金会、仲明助学金管委会等机构对中山大学学生公益实践活动的支持。亚德客国际集团自2007年以来每年投入专款20万元用于设立中山大学学生公益项目，截至2014年已资助140万元，用于支持中山大学学生开展公益实践活动；新鸿基地产郭氏基金会设立专项资金，用于资助中山大学家庭经济困难学生参与公益和素质拓展活动；仲明助学金管委会在中山大学设立了仲明大学生公益研究中心，努力在理论和实践方面推动大学生公益活动的开展。此外，中国扶贫基金会新长城助学金、中国青少年发展基金会、香港道德会助学金等在推动中山大学学生的公益服务方面也起了重要作用，我们一并表示感谢。

本书是团队合作的成果，钟一彪负责整体框架的拟定，并负责全书的统稿工作。全书共分为十章，各章节的分工如下：第一章，钟一彪；第二章，柳翠嫦；第三章，龚婕；第四章，钟一彪；第五章，梁洁瑜；第六章，钟一彪；第七章，冯燕梅；第八章，赵斐；第九、十章及附录，周昀。

还要感谢中山大学出版社的领导及相关工作人员，特别感谢刘丽丽老师，我们已经连续三年展开合作，她认真、细致的精神和负责任的态度令人印象深刻，我们也在合作中结下了深厚的友谊。本书参考或收录了许多专家同行、媒体朋友的研究成果和新闻报道，谨此致以深深的敬意和诚挚的谢意！当然，本书肯定还存在不少疏漏之处，期待读者及专家、同行的批评指正。如有任何意见或建议，请直接与我们联系，联系方式：yibiaozhong@mail.com。

钟一彪

2014年6月20日于广州小谷围